国立歴史民俗博物館研究叢書3

青銅器の考古学と自然科学

齋藤　努 [編]

朝倉書店

編集者

齋　藤　　努　　国立歴史民俗博物館研究部

執筆者

齋　藤　　努　　国立歴史民俗博物館研究部

増　田　浩　太　　島根県教育庁埋蔵文化財調査センター

高　田　貫　太　　国立歴史民俗博物館研究部

澤　田　秀　実　　くらしき作陽大学音楽学部

高　橋　照　彦　　大阪大学大学院文学研究科

（執筆順）

口絵1　加茂岩倉銅鐸群（左）と，その入れ子状況（右上）〔島根県立古代出雲歴史博物館所蔵写真〕

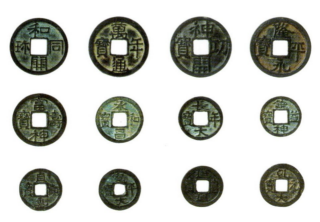

口絵2　皇朝十二銭〔国立歴史民俗博物館所蔵〕
上段左から　和同開珎，萬年通寳，神功開寳，隆平永寳．
中段左から　富寿神寳，承和昌寳，長年大寳，饒益神寳．
下段左から　貞観永寳，寛平大寳，延喜通寳，乾元大寳．

口絵3　馬形帯鉤〔国立歴史民俗博物館所蔵〕

口絵4　青銅の成分比による色調の違い〔増田浩太所蔵写真．資料は島根県立古代出雲歴史博物館所蔵〕．銅剣を成分比を変え試作したもの．銅に対するスズの割合が増すとともに，赤銅色から黄金色，白銀色へと変化する．

口絵 5　日韓共同研究会［写真提供：齋藤努］　　口絵 6　分析試料のサンプリング［写真提供：齋藤努］

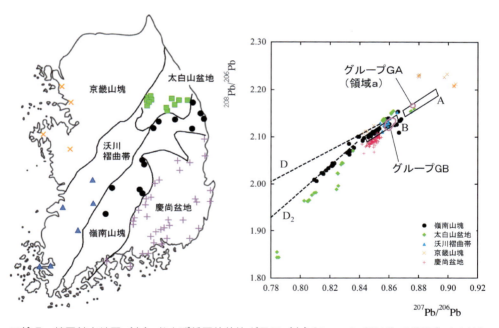

口絵 7　韓国鉱山地図（左），および鉛同位体比グラフ（右）［Jeongら（2012）の掲載データより作図（齋藤努）］

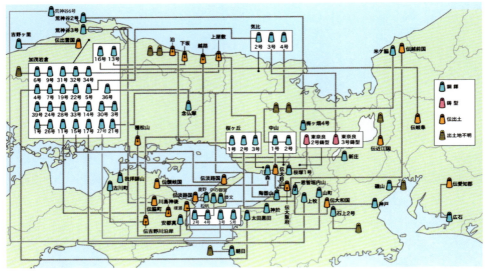

口絵8　同笵銅鐸関係図〔井上洋一（2003）銅鐸．考古資料大観6 弥生・古墳時代 青銅・ガラス製品（井上洋一・森田稔編），p.147，小学館 の図を改変（増田浩太）〕

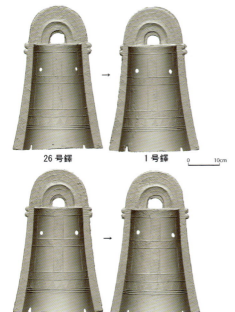

口絵9　3D計測データの例（加茂岩倉1,26号鐸）〔奈良県立橿原考古学研究所，島根県立古代出雲歴史博物館所蔵データ〕

口絵10　鋳掛け部の色調の違い（加茂岩倉34号鐸）〔島根県立古代出雲歴史博物館所蔵写真〕

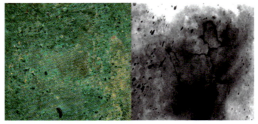

口絵11　鋳掛け部とそのX線写真（加茂岩倉31号鐸）〔島根県立古代出雲歴史博物館所蔵写真〕

『国立歴史民俗博物館研究叢書』
刊行のことば

　国立歴史民俗博物館（以下，歴博）は，日本の歴史と文化を総合的に研究する大学共同利用機関ですが，歴史資料を収蔵し，研究成果を歴史展示というかたちで公表する博物館機能をも有しています．その特徴は，歴史学，考古学，民俗学および分析科学を加えた関連諸科学による文理連携型の学際協業によって，最先端の歴史研究を開拓し推進するところにあります．そして，「歴博といえば共同研究」と研究者間で言われるように，1981（昭和56）年の機関設置以来一貫して，館内研究者はもとより多数の国内外の大学・研究機関などに所属する研究者と一緒に共同研究プロジェクトを組織して研究を進め，博物館機能を用いて，その研究過程・成果を可視化し，研究課題を高度化することで，学界コミュニティに貢献してまいりました．

　たとえば，創設初期の1980〜90年代は，外部の有識者による基幹研究検討委員会を設け，基層信仰，都市，環境，戦争などの大テーマを選定したうえで，実証的な研究を組織的に推進することによって学界をリードしてきました．2004（平成16）年の法人化後は，博物館を有する研究機関としての特性をさらにはっきりと活かすために，研究，資料，展示の循環を重視した「博物館型研究統合」という理念のもとに広義の歴史研究を推進するというミッションを定めました．そして，総合展示のリニューアルを構築するための学問的基盤作りなどを行なう基幹研究を新しく共同研究のテーマに加えることにいたしました．

　このように共同研究の課題は，それぞれの時代の学問的要請と外部の有識者の意見を踏まえて選択してきたのですが，共同研究の成果を広く発信・公開しようという姿勢は一貫して変わることなく，『国立歴史民俗博物館研究報告』特集号（以下『研究報告』）に集約して発表してまいりました．これらは，各研究分野の主要な学会誌の研究動向においても取り上げられ，一定の評価を受けてきております．

　しかし，共同研究の最新の研究成果が集約されているこの『研究報告』は，専

門の研究者向けといった性格が強く，これから研究を始めようという大学院生・学生や日本の歴史と文化に関心をもつ一般の読者が手にとる機会は，残念ながら決して多いとは言えません.

　現在，大学および大学共同利用機関においては，とくに人文科学分野の研究の可視化，研究成果の社会還元が強く求められています．そこで，第2期中期計画期間（2010〜15年）内に推進された共同研究のなかから6件を選び，その後の研究成果を反映させるとともに，研究史全体での位置づけを明確にするということを意識して執筆を行ない，ここにあらためて『国立歴史民俗博物館研究叢書』として刊行する運びになりました．さらに，冒頭には，研究代表者による総論を設け，そこでは，それぞれ3年間におよぶ共同研究の成果の要点が読者に明確に伝わるようにいたしました.

　本叢書は，朝倉書店の理解と協力を得て，第3期中期目標・中期計画期間の第一年目に当たる2016年度より刊行が実現することとなりましたが，歴博の創設に当たって学際協業による新しい歴史学の創成をめざした井上光貞初代館長の構想のなかには，すでにこのような研究叢書の刊行が含まれていたと伝えられています．創設三十周年を経た今，この本館設立時の初心に立ち帰り，本研究叢書の刊行に取り組みたいと思います．そして，本館の共同研究の水準を，あらためて広く社会に示すことで，研究史上の意義を再確認するとともに，新たな研究課題の発見に結びつけ，今後の共同研究として展開していく所存です.

　読者のみなさまの忌憚のないご批判とご教示を賜りますよう，お願いいたします.

　2017年2月吉日

国立歴史民俗博物館 館長　久留島　浩

はしがき

　世の中にある学問分野は，「人文科学」「社会科学」「自然科学」に大別できる．高校までのさらにおおまかな区分でいうと「文系」と「理系」であろうか．日常的には「私は数学が嫌いだから文系」とか「私は暗記が苦手だから理系」などという会話がよく交わされているが，実際には，文系に属する地理学や言語学などでは数学や数式をよく使っているし，理系に属する地質学や生物学には暗記しなければいけないことがたくさんある．個人的な考えだが，両者の違いはもっと根本に関わるところにあり，文系が多様な個々そのものを比較していくことに興味があるのに対し，理系は多様性の中に共通する単純な原理を探ることに興味があるように感じられる．

　人文科学はいわゆる文系に括ってもいいと思うが，その中の，歴史や文化史を研究する分野として，歴史学や考古学，美術史学などがある．これらには，それぞれ多くの先人たちによって蓄積されてきた研究のスタイルやノウハウがあり，それにしたがって多くの成果が得られている．

　しかし，最近は，このような研究に自然科学（理系）の手法を取り入れる例が増えてきた．遺跡から出土した資料について，そのまま肉眼で観察したり法量を計測するだけではなく，X線を使って撮影したり成分を分析したりすることは，いまではごく普通に行なわれている．考古学の発掘報告書などには自然科学的な分析結果がよく掲載されているが，以前は，分析を専門とする研究者や機関，業者などに依頼せざるを得なかったのに対し，近年は考古学研究者が自分自身で分析を行なう例もみられるようになった．彼らは「第三世代の考古学者」などと呼ばれることもある．本叢書シリーズの第1巻（藤尾慎一郎編『弥生時代って，どんな時代だったのか？』(2017) 朝倉書店）でも紹介されている，2003年に国立歴史民俗博物館（歴博）の研究グループが発表して話題となった「弥生時代の開始年代が従来の説よりも500年さかのぼる」という成果も，考古学に自然科学的な年代測定法を取り入れることで得られたものである．

本書では，文系と理系の研究者がそれぞれの手法で調べていったときにどのような結果が得られるか，またそれらを総合すると，どんな新しい成果へと結びついていくのかということを紹介していく．対象とする資料は青銅器，扱う時期は弥生時代から古代，地域は日本と朝鮮半島が中心で，関わる研究分野は考古学と分析化学である．

担当した執筆者も，第 1 章が理系，第 2 章から第 5 章が文系の研究者ではあるが，いずれも，意識的に文系と理系の両方の視点から資料を捉えている．

2018 年 2 月

齋 藤　　努

目　　次

序章　考古学と自然科学との関わり ………………………………[齋藤　努]…1

　文化財科学について ……………………………………………………………1

　文化財科学の基本的な考え方 …………………………………………………2

　歴史資料の特性 …………………………………………………………………3

　「しりょう」 ………………………………………………………………………4

　青銅器の自然科学分析 …………………………………………………………5

　青銅器の産地推定 ………………………………………………………………6

　　（1）　産地推定とは………………………………………………………………6

　　（2）　鉛同位体比分析の研究史 ………………………………………………7

　総合資料学について ……………………………………………………………9

　本書の構成 ………………………………………………………………………10

第1章　日韓の青銅器と原料の産地推定 ………………………[齋藤　努]…12

　1.1　鉛同位体比分析法 …………………………………………………………12

　　（1）　鉛同位体比とは ……………………………………………………………12

　　（2）　鉛同位体比を分析する方法 ………………………………………………13

　　（3）　これまでの鉛同位体比研究の流れ ………………………………………17

　　（4）　日本で作られた青銅製品の原料産地 ……………………………………18

　1.2　古墳時代の日本出土青銅器における朝鮮半島産原料の可能性 …………19

　　（1）　韓国との共同研究とその背景 ……………………………………………19

　　（2）　韓国の鉛鉱床の鉛同位体比分析結果 ……………………………………21

　　（3）　朝鮮半島出土資料の鉛同位体比 …………………………………………21

　　（4）　日本出土資料の鉛同位体比 ………………………………………………23

　　（5）　グループGAについて ……………………………………………………23

　　（6）　グループGBについて ……………………………………………………26

vi 目 次

1.3 皇朝十二銭と三彩・緑釉陶器の原料産地推定 ……………………………27
　(1)　皇朝十二銭の分析結果 ……………………………………………………27
　(2)　三彩・緑釉陶器の分析結果 ……………………………………………28
　(3)　皇朝十二銭と三彩・緑釉陶器の原料の産地 ……………………30
1.4 日本産原料の開始時期はどこまでさかのぼれるか …………………32
　(1)　確実にさかのぼれる時期 ………………………………………………32
　(2)　鉛同位体比からの推定 ……………………………………………………33
1.5　MC-ICP-MS による高精度分析 …………………………………………34
　ま　と　め ……………………………………………………………………………38

第2章　青銅祭器の自然科学分析
　　　―加茂岩倉銅鐸群の分析― ………………………[増田浩太]…41
2.1　加茂岩倉銅鐸群 ……………………………………………………………………42
　(1)　加茂岩倉銅鐸群の発見 …………………………………………………42
　(2)　加茂岩倉銅鐸群の特徴 …………………………………………………43
　(3)　分析試料の採取 …………………………………………………………45
　(4)　分析の再現性 ……………………………………………………………45
2.2　加茂岩倉銅鐸群の成分分析 ……………………………………………………46
　(1)　加茂岩倉銅鐸群の成分分析 ……………………………………………48
　(2)　主要三元素の傾向 ………………………………………………………50
　(3)　微量元素の意味 …………………………………………………………51
　(4)　加茂岩倉銅鐸群の微量元素 ……………………………………………52
2.3　加茂岩倉銅鐸群の鉛同位体比分析 ……………………………………………54
　(1)　加茂岩倉銅鐸群の鉛同位体比 ……………………………………56
　(2)　特殊な出自を持つ銅鐸の鉛同位体比 ………………………………57
　(3)　流水文銅鐸と袈裟襷文銅鐸の鉛同位体比 …………………………59
　(4)　出雲産の可能性がある銅鐸の鉛同位体比 …………………………59
　(5)　銅鐸型式と鉛同位体比 ……………………………………………………61
2.4　同笵銅鐸と鉛同位体比 …………………………………………………………61
　(1)　銅鐸の鋳造と鋳型 …………………………………………………………62

（2）　同笵銅鐸の製作順序 ……………………………………………62

（3）　同笵銅鐸の認定 ……………………………………………………64

（4）　同笵銅鐸から何がわかるのか …………………………………65

（5）　同笵銅鐸の鉛同位体比 …………………………………………66

2.5　銅鐸の鋳造工程と鉛同位体比 ……………………………………68

（1）　鋳掛け ………………………………………………………………68

（2）　鋳掛け部の鉛同位体比と鋳造工程 …………………………69

（3）　鉛同位体比の一致 ………………………………………………72

ま　と　め ………………………………………………………………………73

今後の展望 ……………………………………………………………………74

第3章　古墳出土の青銅・金銅製品からみた日朝関係
― 4〜5世紀前半を中心に― …………………………［高田貫太］…76

3.1　筒形銅器・晋式帯金具をめぐる金官加耶と倭 ………………77

（1）　4世紀における倭と金官加耶の交渉 ………………………77

（2）　筒形銅器の製作地と性格をめぐる議論 ……………………81

（3）　筒形銅器の鉛同位体比分析結果から得られる知見 ………86

（4）　日本列島出土晋式帯金具の移入背景 ………………………88

（5）　晋式帯金具の鉛同位体比分析結果をめぐって …………91

3.2　龍文透彫製品をめぐる新羅と倭 …………………………………92

（1）　5世紀前半における新羅と倭の交渉 ………………………92

（2）　龍文透彫製品の系譜と性格 …………………………………94

（3）　慶山林堂洞7B号墳出土帯金具の鉛同位体比分析の紹介 …98

ま　と　め ………………………………………………………………………99

第4章　国産銅鉛原材料の産出地と使用開始時期 …………［澤田秀実］…102

4.1　中国四国地方の銅鏃の理化学的分析 …………………………103

（1）　鉛同位体比分析値の検討 ……………………………………104

（2）　金属成分分析の成果 …………………………………………106

（3）　中国四国地方の銅鏃の分析でわかったこと …………108

viii　　　　　　　　　目　　　次

　4.2　国産原材料産出地の同定と使用開始年代 ……………………………… 109
　　（1）　6世紀後葉から7世紀前半の銅製品の鉛同位体比分析 ………… 109
　　（2）　産出地鉱山の特色と測定値の解釈 …………………………………… 112
　　（3）　採掘年代と歴史的背景 ………………………………………………… 114
　まとめにかえて …………………………………………………………………… 115

第5章　理化学的分析と考古学からみた日本の銭貨生産 ……［高橋照彦］… 119

　5.1　国立歴史民俗博物館における銭貨の理化学的研究 …………………… 119
　　（1）　研究プロジェクトの経緯 ……………………………………………… 119
　　（2）　研究プロジェクトの方向性 …………………………………………… 120
　5.2　古代銭貨の金属原料 ……………………………………………………… 121
　　（1）　古代銭貨の鉛同位体比分析 …………………………………………… 121
　　（2）　グループⅠの原料産地 ………………………………………………… 123
　　（3）　「古和同」の原料産地 …………………………………………………… 126
　　（4）　金属成分としてのスズ・アンチモン ……………………………… 128
　　（5）　金属成分としての鉛 …………………………………………………… 130
　5.3　中世銭貨の金属原料 ……………………………………………………… 133
　　（1）　経筒や鉛釉陶器からみた古代から中世 …………………………… 133
　　（2）　模鋳銭の鉛同位体比分析 ……………………………………………… 137
　5.4　近世銭貨の金属原料 ……………………………………………………… 140
　　（1）　「古寛永」の鉛同位体比分析 ………………………………………… 140
　　（2）　「新寛永」と長崎貿易銭の鉛同位体比分析 ……………………… 142
　5.5　現在の到達点と今後の課題 ……………………………………………… 145
　　（1）　銭貨からみた原料調達の変遷過程 ………………………………… 145
　　（2）　研究の今後と残された課題 …………………………………………… 146

索　　　引 …………………………………………………………………………… 151

| 序　章 | 考古学と自然科学との関わり |

齋　藤　　努

　国立歴史民俗博物館（歴博）では，1988 年から自然科学的な手法を取り入れた
考古資料の調査を行なっており，1990 年には質量分析装置という青銅器を分析す
るための機器を導入して，考古学研究者と自然科学研究者が緊密な連携をとりな
がら，さまざまな資料の解析を進めてきた．

　本書は，その中でも，企画展示『科学の目でみる文化財』（1992（平成 4）年 3 月
20 日〜5 月 17 日）や『お金の玉手箱—銭貨の列島 2000 年史—』（1997（平成 9）年
3 月 18 日〜5 月 18 日）に伴う日本出土資料の研究，科学研究費補助金などによっ
て 2003（平成 15）年度から進められてきた日韓共同研究による日本・韓国出土資
料の研究などに基づいた成果をとりまとめたものである．弥生時代・古墳時代・
古代という時間軸と，日本と朝鮮半島との関わりという空間軸の両者から眺め，
興味を持っていただければありがたく思う．

文化財科学について

　「はしがき」でも述べたように，近年は，歴史資料の研究に自然科学的な手法を
取り入れ，総合化して考察を加えるというスタイルが多くなっている．このよう
な境界領域的な分野を「文化財科学」という．

　文化財科学には，次の三つが含まれる．一つめは，物性・技法・原料の産地・
年代・古環境などを研究する "archaeometry"（アーキオメトリー）である．これ
は英国で作られた用語で，直訳では「古計測学」となるが，この単語に対応する
一般的な日本語訳はなく，通常は英語名称がそのまま使用される．二つめは，材
料特性や劣化機構などについて研究する "archaeomaterials"（アーキオマテリア

ルズ）であり，米国で作られた用語で，「古材料学」を意味するが，これも対応する一般的な日本語訳はない．三つめが，歴史資料の構造・材質・変化や，環境とその影響・防除など，保存・修復を行なう際に必要なことを調査研究する「保存科学」で，もともと日本で作られた名称であったものが "conservation science" と英語訳された．これらはお互いに独立しているものではなく，研究手段や対象物など，内容には重なりあう部分も多い．

文化財科学の基本的な考え方

文化財科学には，対象資料を自然科学的に研究するときの基本姿勢がいくつかある．

まず，研究によって得られた知見が考古学・美術史学などを含む広義の歴史学の考察に役立つもの，あるいは保存・修復を施すにあたっての有用な情報をもたらすものでなければならない．かつては，分析法や装置の性能をアピールすることを目的に，資料の持つ歴史的・文化的な意味などとはまったく無関係に，単にデータを出すためだけに分析を行なうという例も多かった．極端な場合には，遺跡のどの層から出土したのかもはっきりしていないような資料を拾ってきて，そのデータを学会で報告した自然科学研究者もいる．現在の文化財科学では，そのようなやり方で行なわれた分析は，研究として評価されない．また，最先端の分析法でも，それがそのまま歴史研究に有効であるとは限らないし，「原理的にみて，これで分析すれば考古学に役立つに違いない」と鳴り物入りで紹介された分析法が，結局うまく適用できずに消えていった例も数多くみられる．

次に重要なのは，貴重な資料を対象としているため，非破壊的な方法，つまり資料の形状を損ねないように削ったり切ったりしない方法を優先するということである．これは当然の考え方なのだが，一方でこれが，歴史資料を自然科学的に研究する際の困難の一つにもなっている．その理由は，たとえば科学分析を例にとると，市販の分析装置のほとんどは工業分析や理化学分析のために設計されており，そこでは，試料の切断・採取・粉砕・加工・研磨・溶解などの破壊的な方法が，ごく普通の前処理法として想定されているからである．歴史資料の調査では，非破壊でデータを得るために X 線などの電磁波を使った手法がよく使われ，

また資料を切断したり試料採取をしたりせずにすむように，大型の試料室や可搬型・携帯型装置の需要が大きい．

　ただし，原理的にどうしても分析用試料を採取しなければデータを得ることができない分析法があることも事実である．その方法で歴史資料を調べたいときは，やむを得ず試料を採取することになるが，できるだけ資料の外観を損ねないようにするため，可能な限り微少量にとどめたり，裏側や底部，破断面など，人文科学的な研究に影響を与えない箇所から試料をとったり，などといった配慮が行なわれる．

歴史資料の特性

　自然科学的な立場からみたとき，歴史資料はいろいろな制約のある分析対象物である．

　まず，形状や大きさがさまざまであり，しかも「非破壊」という原則があるため，工業製品などのような流れ作業がやりにくい．そのため，分析する箇所や測定条件を，一つひとつの資料について考えながら設定しなければならない．

　また，資料の成分や組織などが不均一な場合が多いことも，分析の際に気をつけなければならない点である．極端な例では，中国の穴あき銭を16分割して成分分析をしたところ，鉛の濃度が銭貨の上の方では20.7％，下の方では28.8％だったという報告さえある．直径わずか2.4cm程度の銅銭でさえ，このような不均一が生じている．しかし，できるだけ資料を損ねないようにするために，ごく限られた箇所でしか分析ができない場合も多い．したがってその測定箇所のデータが本当に資料全体を代表するものなのか，あるいはどの程度の不均一さがあるのかを見込んでおく必要がある．こういうときは，資料の材質や製作技法，過去の調査事例などが参考になる．

　歴史資料では，表面が劣化していたり錆びていたりすることもよくある．特に遺跡から出土した資料は，まわりの土との間で成分のやりとりが起こり，劣化や錆化した部分はもとのものとは異なる組成となってしまう．非破壊で分析する場合は，表面がこのような状態にあることも注意しなければならない．同じく中国の穴あき銭の例で，表面の錆には銅がわずか25％しか入っていなかったが，錆を

削り落として中の地金の部分を調べたところ，実は銅が85％も含まれていたという報告がある．銅は錆化するとスズや鉛よりも水に溶け出しやすくなる性質があるので，土中に埋まっている間に失われてしまったのであろう．このほかにも，一般的に資料から失われやすい成分や逆に周囲から入り込みやすい成分（ケイ素やアルミニウム，塩素など）はある程度わかっているが，それらが規則的に起こるわけでもなく，埋蔵環境に大きく左右される．実際，錆でも金属でも銅の濃度にあまり違いがみられなかった出土銭の例もある．

「しりょう」

ここまでの文章ですでにお気づきの方もいると思うが，文化財科学では，同じ発音であっても「資料」と「試料」は用語が使い分けられている．

「資料」は考古遺物や美術工芸品などの文化財・歴史資料そのもののことで，人文科学・自然科学の総合的な研究対象となる有形の「モノ」を指す．「試料」は自然科学的な研究のために分析装置などにかけるための「サンプル」のことである．

たとえばある青銅器を研究するとしよう．青銅器そのものはいろいろな分野からの調査対象となる「資料」である．人文科学的な研究ならば，全体の形や各部の法量，型式，表面の文様などを調べ，これまでの研究の蓄積と照らし合わせて，製作された年代や地域，製作者集団などを考察していく．一方，この青銅器を自然科学的に研究することになり，成分組成や金属組織を調べるためにその一部を採取すれば，その採取された粉末や破片は「試料」である．ただし，これらの用語は，必ずしも部分と全体ということで区別しているわけではない．青銅器の製作技法や金属内部の様子を知るために，そのままX線撮影（いわゆるレントゲン撮影）を行なおうとするならば，青銅器全体がその分析対象物としての「試料」である．つまり，どの立場からみているかということで用語が使い分けられることになる．

ちなみに，もう一つ「史料」という用語もあり，これは文献史学など，文字を対象としたものを指す．いわゆる文献史料のほかに，金石文のような非文献史料も含まれる．

青銅器の自然科学分析

　青銅器に対して，最も古くから行なわれていた自然科学的な調査は，成分分析である．当初は，青銅器から分析用の試料を採取し，酸に溶かす「湿式化学分析」という方法で分析が行なわれていた．明治時代に造幣局の甲賀宜政がこの方法で皇朝十二銭（近年は「古代官銭」と呼ぶが，本書ではわかりやすいようにこの用語を使う）を分析した結果を報告しているが，表面の錆を落とした2〜3g程度の銭貨を細切し，1gの試料を使っている（甲賀，1911）．この方法は，精度こそ高いものの，多量の分析試料が必要であったため，分析対象にできる資料が限られていた．こうした時期に分析された青銅器の中には，試料を採取したあとの大きな穴が開いているものもある．

　その後，機器分析が発達してくると，成分分析の感度が高まり，採取する場合でも試料の量を最小限（数mg程度）に抑えることができるようになった．また，表面の錆を磨いて取り除いて蛍光X銭分析を行なうことによって，資料の損傷を最小限にとどめることも可能になってきた．

　われわれが皇朝十二銭の成分分析を行なった際にも，資料の形状を損ねないままで，金属部分の組成を調べる手法を新たに考案した（齋藤ほか，2002）．それは，銭貨の輪側面（縁の外側）の1か所で，錆をクリーニングして除き，走査型電子顕微鏡の中に入れて，露出した金属部分に電子線をスキャニングしながら当て，できるだけ広い範囲から発生した特性X銭を検出して，成分組成を調べるという方法である（図1）．しかし，前述したように，一般に歴史資料は不均一なので，こうして得られた分析値がどの程度資料全体を代表しているかを検証しておく必要がある．そこで，特注で作成した標準試料や，中世・近世の安価な銭貨などをテストピースとして，いろいろな条件であらかじめ分析し，データの精度や正確さを予備的に調べてみた．その結果，分析条件を適切に設定することによって，銭貨自体の持つ不均一さと同じか，あるいはそれよりも小さな誤差で測定できることがわかった．こうして，うまく条件を整えることによって，発行年代による成分組成の変遷を追う，という目的を果たすことができた．

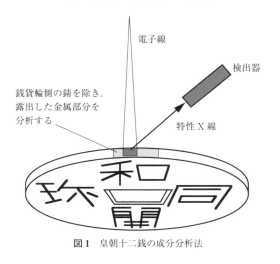

図1 皇朝十二銭の成分分析法

青銅器の産地推定

(1) 産地推定とは

「産地推定」は，文化財科学の重要な一分野である．「産地」という言葉には二つの意味がある．一つは「製作地」であり，日常的にはこちらの意味で使うことの方が多い．もう一つは「原料の産出地」である．この二つは，同じか近い場合も多いが，青銅器のように，素材や半製品が運ばれて別の場所で製品が作られたり，鋳直しなど再利用が考えられたりするものは，区別しなければならない．

「製作地」は，考古学や美術史学などの研究により，資料の型式や文様などから考察される．「原料の産出地」は，同様に肉眼観察や顕微鏡観察による場合もあるが，近年は自然科学分析で推定されることが多い．文化財科学では，後者の研究のことを「産地推定」と呼んでいる．

産地推定に利用される自然科学的な手法として，主成分や微量成分，鉱物組成などの分析法があるが，ここでは，青銅器などに適用されて考古学研究に大きく寄与している鉛同位体比法について述べる．

地質学や鉱床学など，広く地球科学と呼ばれる分野では，鉛の同位体比（第1

章で詳述）が鉱床によって異なっており，それを調べることで地質学的年代や鉱床の成り立ちがわかるということが従来から知られていた．この性質を文化財に適用し，主として青銅器を対象として，資料に含まれる鉛同位体比を測定することによって原料の産地を推定しようというのが，鉛同位体比産地推定法の基本的な考え方である．他に測定対象となる資料としては，銅鉱石，鉛鉱石，製錬時の鉱滓（スラグ），溶融物のような鋳造関連遺物，鉛釉・鉛ガラス，鉛を主成分や副成分として含む銅・錫製品などがある．

　この方法は産地推定を目的としてはいるが，実際には，原料の産出した場所，特に鉱山までを特定することは容易ではない．現在稼働している鉱山のデータを蓄積することによって，地域ごとの傾向をつかむことはできる．しかし，過去に稼働していた鉱山が採掘をやめてから長期間が経過し，現在では知られなくなってしまっている場合も多く，また，まったく異なる場所にある鉱山の鉛同位体比が偶然に類似した鉛同位体比を示すこともある．したがって，現在稼働している個々の鉱山の鉛同位体比を昔の青銅器の測定値と直接むすびつけることは通常できない．文字通りの「産地推定」を行なうためには，対象とする青銅資料と同時期の鉱山遺跡や製錬遺跡からの出土遺物とデータを比較し，資料とそれらの遺跡との歴史的なつながりなども含めて，総合的に考察して判断をくだしていく必要がある．実際の研究の場では，考古学的・美術史学的な知見などに基づいて選択された資料どうしについてデータを比較し，それらの関連性をさぐっていくことが多い．

(2) 鉛同位体比分析の研究史

　歴史資料に対し，初めて鉛同位体比法を適用したのは米国コーニングガラス博物館の R.H. Brill で，最初の発表は 1965 年のボストン美術館におけるセミナーの講演であった．また論文としては，Brill, Wampler（1967）によって執筆された，「青銅やガラスに含まれる鉛は産地となる鉱床によって同位体比が異なっているため，それらを比較することによって原料の産地が推定できるのではないか」というものがある．遺物と鉛鉱石としては，ギリシャ，英国，スペインのものなどが分析された．

　その後，Brill ら（1973）において，青銅，絵画顔料，ガラス，貨幣などの鉛同

位体比に関する総合的な報告が行なわれた．このときの分析は米国国立標準局の I.L. Barnes が行なっている．Brill の研究対象は，主として世界各地のガラス資料であり，数多くの報告が行なわれている（Brill et al., 1991 など）．なお，Barnes が 1990 年に逝去したあとは，1991 年から室蘭工業大学の白幡浩志が Brill に協力して鉛同位体比を測定している．

日本への鉛同位体比法の導入は名古屋大学の山崎一雄によって行なわれ，1970 年に Brill へ送られていた佐賀県唐津市の甕棺墓から出土した鉛矛のほか，中国戦国時代の璧，弥生時代の管玉，古墳時代の玉，正倉院のガラス，その他のガラスなど，計 22 点の分析結果が，コーニング博物館の中国ガラス，日本と中国産の鉛鉱石とともに，Brill ら（1979）によって発表された．

日本国内での鉛同位体比分析は，山崎一雄が資料を提供し，室蘭工業大学の室住正世が測定をすることから始まった．最初の対象資料は青銅器で，三角縁神獣鏡，前漢鏡，中国古銭，そして日本の鉛鉱石が分析された（山崎，室住，1976）．山崎は，この分析結果を通じて，「考古遺物の鉛同位体比を既知鉱山の鉛と比較して直ちにその産地を推定することは必ずしも容易ではない．指紋の判定と同じとは限らない．むしろ各種の遺物を多く測定して，それらの鉛同位体比の分布から産地についての情報を得たい」（山崎，2001）という考えを持つに至る．この考え方は現在も引き継がれている．

1976〜1978 年度，1980〜1982 年度の 2 次にわたって，文部省科学研究費補助金による特定研究「自然科学の手法による遺跡・古文化財等の研究」が実施され，山崎一雄，室住正世，江本義理（東京国立文化財研究所（東文研：現 独立行政法人国立文化財機構 東京文化財研究所）），馬淵久夫（同），平尾良光（青山学院大学），増田彰正（神戸大学）が「鉛同位体比測定による日本および中国出土の考古遺物の産地の研究」という題目で参加した（増田は第 1 次のみ）．日本文化財科学会は，このときの特定研究がもととなって設立されたものである．

この科研費の研究から，山崎らは主として京都大学考古学研究室の資料を，樋口隆康との協力のもとで分析していった．対象資料は，中国・日本の古代ガラス，前漢鏡，銅鐸，銅矛などの利器，綏遠銅器，寺院関係遺物などである．それらの分析を通じ，前漢鏡と後漢鏡における鉛同位体比の違い，同一材料で同時に鋳造されたと推定される青銅鏡の存在，高放射性起源鉛（鉛に比べてウラン，トリウ

ムの濃度が高い地域で生じた鉱床の鉛）の発見，朝鮮半島系原料の所在などを報告している．

このように，山崎一雄によって導入された鉛同位体比法は，青銅，鉛釉，ガラスなど，幅広い資料に適用され，従来の考古学研究では得られなかったいくつかの重要な指摘が行なわれた．それらの結果を受け，さらに発展させていったのは，東文研の馬淵久夫と青山学院大学の平尾良光（1987 年より東文研に移る）である．彼らは東京国立博物館の西田守夫らと協力し，弥生時代から古墳時代を経て古代に至るまでの時期を中心として，日本で出土した中国・朝鮮半島系の青銅資料と，日本で作られた青銅資料を系統的に分析した．また，通産省工業技術院地質調査所（現 国立研究開発法人産業技術総合研究所 地質調査総合センター）から提供を受けた現代の日本，中国，朝鮮半島産の鉛鉱石も測定した．

それらの成果は，馬淵，平尾（1982a，1982b，1983，1987，1990）など一連の論文にまとめられている．詳細は，鉛同位体比分析法の原理や手法とともに，第 1 章で紹介する．

総合資料学について

歴博では，2016 年度から「総合資料学」という新しい学際研究を開始した．これは，一つの資料をさまざまな研究分野や視点から調べ，それを総合することによって，より深化した議論へと発展させていこうというものである．

たとえば，江戸時代の「小判」を扱う場合，文献史学からみれば，時期による十種類の発行枚数の推移やその歴史的背景，製造を行なっていた小判所の体制などが研究対象となる．考古学研究者は，墓などに副葬されていた小判のクオリティ（製作時に打たれた極印の丁寧さなど）から，被葬者の階層との対応関係を読み解くかもしれない．民俗学研究者は，民話の中における小判の扱われ方から，日本人の心のありようを探るだろう．化学研究者は，金と銀の配合比率の変遷と，金濃度が低いときに，どのような方法で見かけを金色にしていたかに興味を持つ．金属工学研究者は，小判所絵図などに描かれた工程を追いかけて，どの段階から俵形になったのか，打ち目はなぜついたのかなどに着目するであろう．同じ一つの資料を扱っていても，研究分野によって，目の付け所にはこれだけの違いがあ

る.

　従来は，ある分野の研究者が，他分野の研究者の見解を取り入れて，ワンラン
ク上の新しい地平へと研究を発展させていくということは，それほど活発に行な
われていなかった．各分野には，それぞれの研究の底流に流れる「文化」や「作
法」のようなものが共通して存在しているため，人によっては，あえてその垣根
を超え，違う分野と交わることには，やはり抵抗があったのである．

本書の構成

　本書の執筆者は，齋藤を除いていずれも考古学研究者である．ただし，一読し
ていただければわかるように，自然科学的な分析結果を，単に飾りとしてではな
く，考古学的な研究成果と融合させる形で取り入れ，総合的な議論に結びつけて
いる点に大きな特徴がある．その点で，総合資料学の視点が随所に散りばめられ
ていることを読み取っていただければありがたく思う．

　構成は，以下の通りである．まず第1章では，本書の全体に関わっている自然
科学分析法である鉛同位体比分析の原理と概要，そこから導き出される古墳時代
における朝鮮半島産原料使用の可能性や，日本産原料の開始時期について紹介す
る．それ以降はほぼ時間軸に沿って進んでおり，第2章では，銅鐸の型式に応じ
て使用される原料の化学組成や産地がどのように変遷していったかを，加茂岩倉
遺跡出土資料を中心にして述べる．第3章は，日朝交流の立場から，日本と韓国
のそれぞれで出土した青銅器との関連性が，原料の産地という視点から眺めたと
きに，どのように解釈できるかを考察している．第4章では，銅鋺を対象として
取り上げ，型式変化と原料の産地の変遷を対応させる．第5章では，日本の銭貨
にみられる原料産地の変遷を追いかける．

　歴博では，2017年度から，考古学と自然科学に文献史学を加え，古代を中心に
して，青銅器の原料の産地を精密に絞り込んでいくとともに，古墳時代〜古代，
古代〜中世のそれぞれの過渡期における変遷を追う研究に着手した．成果が出た
際には，あらためて，一般に向けた方法で公表したいと考えている．

参考文献

甲賀宜政（1911）古銭貨の實質及分析．水曜會誌，8巻，pp.517-540.

齋藤　努，高橋照彦，西川裕一（2002）古代銭貨に関する理化学的研究—「皇朝十二銭」の鉛同位体比分析および金属組成分析—．*IMES Discussion Paper*，No.2002-J-30，日本銀行金融研究所．

馬淵久夫，平尾良光（1982a）鉛同位体比からみた銅鐸の原料．考古学雑誌，68巻1号，pp.42-62.

馬淵久夫，平尾良光（1982b）鉛同位体比法による漢式鏡の研究．*MUSEUM*，No.370，pp.4-12.

馬淵久夫，平尾良光（1983）鉛同位体比による漢式鏡の研究（二）．*MUSEUM*，No.382，pp.16-26.

馬淵久夫，平尾良光（1987）東アジア鉛鉱石の鉛同位体比—青銅器との関連を中心に—．考古学雑誌，73巻2号，pp.71-117.

馬淵久夫，平尾良光（1990）福岡県出土青銅器の鉛同位体比．考古学雑誌，75巻4号，pp.385-404.

山崎一雄（2001）鉛同位体比測定の研究史．国立歴史民俗博物館研究報告，第86集，pp.15-25.

山崎一雄，室住正世（1976）鉛の同位体比による産地分析の試み．本邦出土の青銅器ならびに古銭について（予報）．考古学と自然科学，9号，pp.53-58.

Brill, R.H., Shields, W.R. and Wampler, J.M. (1973) New directions in lead isotope research. *Proc. Seminar, Application of Science in Examination of Works of Art 1970 Boston*, pp.73-83, Museum of Fine Arts, Boston.

Brill, R.H., Yamasaki, K., Barnes, I.L., Rosman, K.J.R. and Diaz, M. (1979) Lead isotopes in some Japanese and Chinese glasses. *Ars Orientalis*, Vol.11, pp.87-109.

Brill, R.H., Barnes, I.L. and Joel, E.C. (1991) Lead isotope studies of early Chinese glasses. *Scientific Research in Early Chinese Glass, Proc. Archaeometry of Glass Sessions of the 1984 International Symposium on Glass with Supplementary Papers*, Chapter 5, pp.65-89, Corning Museum of Glass, New York.

Brill, R.H. and Wampler, J.M. (1967) Isotope ratios in archaeological objects of lead. *Proc. Seminar, Application of Science in Examination of Works of Art 1965 Boston*, pp.155-166, Museum of Fine Arts, Boston.

第1章 日韓の青銅器と原料の産地推定

齋藤　努

　ここでは，本書の各章で取り上げられている自然科学的分析のうち，青銅器の原料の産地を推定するのによく使用されている「鉛同位体比法」について，原理や概要を簡単に説明する．また，日本や韓国の青銅器にそれを適用した結果についても紹介していく．

1.1　鉛同位体比分析法

(1) 鉛同位体比とは

　青銅は本来，銅とスズの合金をさす．しかし，日本や中国，朝鮮半島などでは，鋳造性の向上や素材の入手しやすさなどさまざまな理由から，鉛が含まれていることが多い．

　ここで述べる鉛同位体比分析法とは，青銅器中の鉛の濃度（含有量）を調べるものではない．資料中に含まれる鉛の「特徴」から，その産地を推定していくという特殊な手法である．

　鉛は，総体でみると化学的性質が同じであるが，原子一つひとつのミクロレベルでみると，重さ（質量数：原子核中の陽子の数＋中性子の数）だけがわずかに異なる4種類の鉛原子が混ざりあっている．これを同位体といい，それぞれ鉛204，鉛206，鉛207，鉛208と呼ばれる．元素記号を使った表記は，それぞれ^{204}Pb，^{206}Pb，^{207}Pb，^{208}Pbである．また，それらの存在比率を同位体比という．

　地球ができたとき，鉛の同位体比は，どの場所でもほとんど違いがなかった．これを始原鉛という．一方，放射性元素であるウラン238，ウラン235，トリウム232は，放射線を出して徐々に壊れ，それぞれ鉛206，鉛207，鉛208に姿を変

えるという性質を持っているため，それらの量が少しずつ増えていく．

鉛，ウラン，トリウムは，超微量ではあるが普通の岩石中にも含まれている．岩石が生成して長い時間が経過すると，その中の鉛206，鉛207，鉛208が増加し，鉛同位体の混合比率が変化していく．そして，この岩石が生成して何億年か経ったあるとき，何らかの地質学的過程によって岩石中から鉛が抽出・濃縮されて鉛鉱床を形成すると，その時点で鉛はウラン，トリウムから切り離されるため，その後は，鉛206，鉛207，鉛208の付加が起こらず，鉛同位体比が固定される．つまり，ある鉱床の鉛同位体比の値は，鉱床ができる前の岩石中に含まれていたウラン，トリウムおよび鉛の濃度や存在比率，それらが共存していた期間などの地質学的な履歴によって定まり，鉱床ごとに固有の値を持つことになる．たとえば花崗岩帯のように，鉛に比べてウラン，トリウムの濃度が高い地域の鉱床は，鉛206，鉛207，鉛208の比率が高くなる傾向にある．こうして鉛は鉱床によって同位体比に差異が生じる．

鉛同位体比分析法はもともと地質学や鉱床学，地球化学などの分野で行なわれていた手法であり，それを青銅器の研究に応用することで，原料として使用された鉛の産地が推定できるようになった．

一般に，青銅器に含まれる各成分の濃度（含有量）を知りたい場合は，金属部分と錆の部分では数値が異なっているため，資料を切ったり削ったりしなければならず，資料の形状を損ねてしまうところが難点であった．しかし，同位体は化学的な性質が同じであるため，酸化などの化学変化の際にもまったく同じ挙動をとり，錆びても同位体比が変化しない．つまり，資料の外観を損ねにくい錆の部分から分析用サンプルを採取できるという利点がある．また青銅器中には鉛が数％〜数十％の濃度で含まれているのに対して，土壌中ではその千分の1〜万分の1ほどの濃度であるので，通常は埋蔵環境中からの鉛の混入を無視することができる．ただし，資料中の鉛の濃度がきわめて低い場合や，すぐ近くに他の青銅資料があり，その一部が土壌中の水によって溶け出して錆のなかに混ざりこんでしまうような状況の場合には注意が必要である．

(2) 鉛同位体比を分析する方法

鉛の各同位体は，いずれも同じ数の陽子（プラスの電気を持つ）を含んでおり，

原子核をとりまく電子（マイナスの電気を持つ）も，陽子と同数だけ存在して，全体として電気的に中和されている．原子の性質は電子の数によって決まるため，電子の数が同じである同位体は，みな化学的に同じ性質を持っている．

　ふつうの化学分析において，ある原子（また，それが多数集まった元素）があったとき，それが何の原子（元素）であるかをどのように特定するかというと，熱を加えて溶ける温度や沸騰する温度を測ったり，いろいろな気体や薬品に対する反応性をみたり，さまざまなエネルギー（X線や熱など）を与えるとどんな電磁波（X線や光など）が出るかを調べたりする．いろいろな条件でどのような「振る舞い」をするか調べ，それが，これまでに知られているどの原子の振る舞い方と一致するかを照合していくわけである．つまり，ある原子が何の原子であるかは，さまざまな場面で「どのように振る舞うか」ということで決められる．しかし，鉛同位体の場合，化学的な性質が同じであるため，どの場面でも同じ振る舞いを示し，こうした方法では識別できない．

　同位体を互いに分離し，それぞれの存在比率を調べるためには，「質量分析法」という特殊な方法が用いられている．

　資料から鉛を抽出するのにはいくつかのやり方があり，たとえば，山崎一雄と共同研究を行なっていた室住正世をはじめとする室蘭工業大学グループは，溶媒抽出法などをとった．東京国立文化財研究所（現在の東京文化財研究所）の馬淵久夫と平尾良光（2003年より別府大学に着任）は電気分解法によって，硝酸中で溶かした試料の中に白金電極を入れて電気を流し，マイナス極に付着した鉛を硝酸で溶かして回収している．歴博では，図1.1のように，石英ガラスの中に入れた試料粉末を高周波加熱して鉛だけ蒸発させ，上部にかぶせた石英ビーカーの内壁に付着させて，希硝酸で溶かして回収する，高周波加熱分離法をとっている（齋藤ほか，1998，2000，2002）．

　文化財を対象として鉛同位体比を測定する機器として，日本では，これまで表面電離型質量分析装置（Thermal Ionization Mass Spectrometer：TI-MS）が主に使われてきた．しかし最近は，それよりもデータの再現性に優れた，現状で世界最高精度を持つマルチコレクタ誘導結合プラズマ質量分析装置（Multiple Collector Inductively Coupled Plasma Mass Spectrometer：MC-ICP-MS）も使われるようになっている．

1.1 鉛同位体比分析法

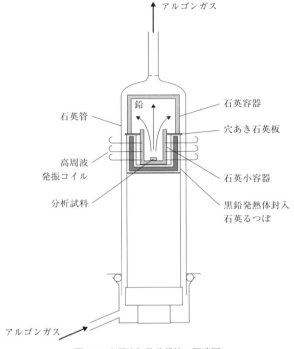

図 1.1 高周波加熱分離法の概略図

まず，TI-MS による同位体比測定の方法について述べる．抽出した鉛を，金属（レニウムがよく用いられる）フィラメント上にリン酸・シリカゲルとともに塗布し，乾固させてイオン源部に入れ，真空中でフィラメントに電流を流して抵抗加熱を行なうと，鉛は蒸発する．このとき，一部の鉛は電子がとれて陽イオンになる（イオン化という）．この鉛イオンは，電位差のある何段かのスリットを通過する間に加速され，電磁石による磁場のかかった分析管に導入される．ここでフレミングの左手の法則によってイオンは横向きの力を受け，その軌跡はカーブを描くが，軽いイオンほど曲がり方が大きいので，各同位体のイオンはその重さに応じて分離されることになる．各同位体のイオンを複数の検出器で同時に受け，それぞれのイオン強度（イオンが運んだ電気量）の比率から，鉛同位体比の比率を求める．ここで，昇温時における蒸発効率の違いなどの影響から，測定された同

位体比の生データは，実際の数値から少しずれた値をとる（同位体差別効果という）．そこで，そのずれを補正するために，あらかじめ同位体比がわかっている標準試料を一緒に分析し，得られた測定値を使って補正を行なう．これは，鉛同位体比分析の初期から使用されている方法で，歴史資料の産地推定に十分な精度が達成できる．しかし一方で，検出器の特性に合わせた鉛の量の調整，分析時に併用する，不純物をできるだけ少なくした高純度リン酸とシリカゲル混濁液の準備，高価なレニウムフィラメントの使用など，分析に手間を要する．

MC-ICP-MS は，ICP 質量分析装置の機能を大幅に向上させるとともに，マルチコレクタ（複数の検出器）方式を取り入れることによって，TI-MS よりも一桁以上優れた精度での同位体比測定を可能にした分析手法である．この装置では，通常の ICP 質量分析装置と同様に，ネブライザーを通してイオン源となる ICP の中へ試料溶液を噴霧する．ここでイオン化された鉛は電位差のあるスリットを通過する間に加速され，電磁石の磁場の間を通って同位体ごとに分離される．各同位体のイオンは複数の検出器で同時に受け，それぞれのイオン強度の比率から，鉛同位体比の比率を求める．測定された同位体比は，TI-MS と同様に，実際の数値から少しずれた値を示すので，タリウム（鉛とは重ならないタリウム 203 とタリウム 205 の同位体を持つ）を，あらかじめ試料に添加しておいて同時測定し，補正に使用する．TI-MS はタリウムを含め測定できない元素が多いが，MC-ICP-MS ではそれが可能となっているため，分析精度の向上に寄与するところが大きい．

ICP は，イオン源として表面電離型ほどの安定性がないため，四重極質量分析器で微量元素の濃度を測定するには適しているが，磁場型の質量分析器では，産地推定に使える精度での鉛同位体比分析ができないと以前は考えられていた．しかし，イオン源の改良やマルチコレクタの装備によって，精度が飛躍的によくなった．装置が複雑なため維持やメンテナンスには手間がかかるものの，前処理が簡略化でき，測定が短時間で行なえるので，より多くの資料を短時間で分析することが可能である．青銅器を対象とする場合，最大の利点は，高い精度を生かして，TI-MS では見分けられなかった，近接地域間にある鉱山の原料などのわずかな差異を識別できることである．

(3) これまでの鉛同位体比研究の流れ

こうして測定された鉛同位体比は，鉛206を分母として，縦軸に鉛208／鉛206（^{208}Pb/^{206}Pb）の存在比の値，横軸に鉛207/鉛206（^{207}Pb/^{206}Pb）の存在比の値をとる図と，鉛204を分母として，縦軸に鉛207/鉛204（^{207}Pb/^{204}Pb）の存在比の値，横軸に鉛206/鉛204（^{206}Pb/^{204}Pb）の存在比の値をとる図の2種類で表示される．以下，グラフでは元素記号を使用した表記法で表す．

前者は，これまでの鉛同位体比研究から，歴史資料のグループ分けに便利だということがわかった表示法で，a式図と呼ばれる．報告書や論文などではたいていの場合，まずこの図が使われる．後者は，鉱床学や地球科学で使われている表示法でb式図と呼ばれる．b式図は，特に日本産の鉛と中国・朝鮮半島産の鉛を識別するのに効果的なので，a式図だけで判断が難しい場合に使われる．煩雑になるので，本書ではa式図のみを表示している．

図1.2に，前述の馬淵久夫，平尾良光がこれまでの研究で定めたグループ領域を示した．これらのグループ領域は，彼らが弥生時代から古墳時代を経て奈良時代に至るまでの青銅製品を大量に分析した結果をまとめたもので，

A	主として弥生時代の遺跡から出土した前漢鏡が分布する領域
B	弥生時代の後期から古墳時代にかけて，墓や古墳から出土した後漢中期以降と三国時代・晋時代の青銅鏡が分布する範囲
C	日本産方鉛鉱の大部分が分布する範囲．神岡鉱山など，日本産であってもこの範囲から外れるものもあるが，数値を検討することによって識別できる
D	弥生時代の遺跡から出土した朝鮮半島系遺物（多鈕細文鏡，細形銅剣，細形銅矛）などが分布する直線的な領域

を表している（馬淵，平尾，1982a，1982b，1983）．

また，日本・中国・朝鮮半島の鉱床からとれた鉛鉱石を分析して，この図と重ねあわせ，それぞれのグループ領域は，次の地域と対応していると推定した（馬淵，平尾，1987）．

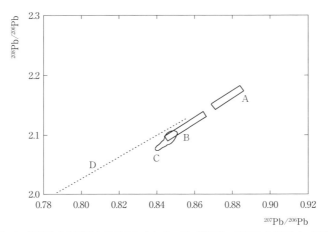

図 1.2 馬淵久夫と平尾良光がまとめた東アジア青銅器の鉛同位体比図（a 式図）

A	中国の華北
B	中国の華中・華南
C	日本
D	朝鮮半島南西部

ただし A 領域と B 領域は鉱石の分布と重なりがあるが，D 領域は朝鮮半島でこれと一致するような分布をする鉱山がみつかっておらず，地質学的考察からの推定である．

なお，馬淵の論文では，発表当初の記号づけである

A → W	「前漢鏡タイプ」の Western Han に由来
B → E	「後漢鏡タイプ」の Eastern Han に由来
C → J	「日本」の Japan に由来
D → K	「朝鮮半島」の Korean Peninsula に由来

が使われているが，意味する内容は同じである．

（4）日本で作られた青銅製品の原料産地

馬淵・平尾は，日本で製作された青銅製品の分析値をこれらのグループ領域と

郵 便 は が き

| 1 | 6 | 2 |-| 8 | 7 | 9 | 0 |

料金受取人払郵便

牛込局承認

4151

差出有効期間
2020 年
3 月 31 日まで

切手を貼らず
このままお出
し下さい

東京都新宿区新小川町6-29

株式会社 朝倉書店

愛読者カード係 行

|||||||||||||||||||||||||||||||||||||

●本書をご購入ありがとうございます。今後の出版企画・編集案内などに活用させ
ていただきますので,本書のご感想また小社出版物へのご意見などご記入下さい。

フリガナ
お名前　　　　　　　　　　　　　　　　　男・女　　年齢　　　歳

〒　　　　　　　　　　電話
ご自宅

E-mailアドレス

ご勤務先
学 校 名　　　　　　　　　　　　　　　　（所属部署・学部）

同上所在地

ご所属の学会・協会名

ご購読　・朝日 ・毎日 ・読売　　　ご購読（　　　　　　　　　）
新聞　　・日経 ・その他(　　　)　　雑誌

国立歴史民俗博物館研究叢書 3　　　　　　　53563

書名　青銅器の考古学と自然科学

本書を何によりお知りになりましたか

1．広告をみて（新聞・雑誌名　　　　　　　　　　　　　）
2．弊社のご案内
　　（●図書目録●内容見本●宣伝はがき●E-mail●インターネット●他）
3．書評・紹介記事（　　　　　　　　　　　　　　　　　）
4．知人の紹介
5．書店でみて　　　　6．その他（　　　　　　　　　　）

お買い求めの書店名（　　　　　　　市・区　　　　　　　書店）
　　　　　　　　　　　　　　　　　　町・村

本書についてのご意見・ご感想

今後希望される企画・出版テーマについて

・**図書目録の送付を希望されますか？**
　　　　　・図書目録を希望する
　　　→ご送付先　・ご自宅　・勤務先

・**E-mailでの新刊ご案内を希望されますか？**
　　　　　・希望する　・希望しない　・登録済み

ご協力ありがとうございます。ご記入いただきました個人情報については，目的
以外の利用ならびに第三者への提供はいたしません。また，いただいたご意見・
ご感想を，匿名にて弊社ホームページ等に掲載させていただく場合がございます。
あらかじめご了承ください。

重ねあわせることによって，以下のような変遷があったと述べている．現在は，韓国との共同研究が進んだことによって，これに必ずしもあてはまらない資料もみつかっている（後述）が，データの位置を示す目安として，いまでもよく用いられている．

弥生時代の国産青銅器が出現した時期の原料は D 領域に入るものが多い．その後，弥生時代の後期にかけて A 領域の原料に移行していく．つまり，まず朝鮮半島から原料が輸入され，次第に中国華北産原料へと変わっていったことになる．これは，紀元前 108 年に中国の前漢が朝鮮半島に楽浪郡を設置したことや，そこを経由して前漢の文物が日本に入ってくるようになった歴史的背景に対応するものと解釈されている．

古墳時代の国産青銅器のうち，鏡と，中期以降の古墳から出土する馬具類は B 領域に入るものが多い．このことは，中国から日本に入ってくる青銅原料が，中国華北産から中国華中・華南産に移り変わったことを示している．

C 領域にあたる日本産鉛の出現開始時期であるが，考古学的にみると製錬関係遺跡が 7 世紀中葉頃からみられるようになり，また鉛同位体比からもこの頃の資料で日本産原料と考えられるものがあるので，少なくともこの時期までさかのぼることは確実といってよい．遺物の鉛同位体比分析結果だけからみると，6 世紀後半〜7 世紀初の可能性があると考えられている．しかし，これらの時期で日本産の原料を使っているとみられる資料はごく限られる．日本産原料が大量に使われ始めるのは 8 世紀からである．

1.2 古墳時代の日本出土青銅器における朝鮮半島産原料の可能性

(1) 韓国との共同研究とその背景

古代日本の歴史を明らかにするうえで，海外との交流に関する研究は欠かせない．日本列島の弥生時代・古墳時代の広義の大陸系資料については，前述のように，これまで中国との直接的な関わりがおもに意識されていたが，近年は考古学的な研究が進み，朝鮮半島とのより深い関係が明らかにされつつある．

青銅器を対象とした考古学の研究状況をみると，弥生時代（紀元前 5 世紀〜紀元後 3 世紀）の先行研究はある．しかし，「鉄」と「青銅」が朝鮮半島から大量に

輸入された時期である古墳時代（紀元後3世紀〜7世紀）をみると，「鉄」については，たとえば朝鮮半島南部との関係が深いこと，日本の交流するおもな相手が時期によって替わるなど，いくつかの研究成果がみられるものの，「青銅」についてはほとんど研究例がなかった．

鉛同位体比の研究でも，弥生時代の日本の遺跡から出土する朝鮮半島系遺物やそれと同様の数値を示す日本で製作された青銅製品については報告されているが，古墳時代の青銅製品の原料産地をめぐる問題において，朝鮮半島との関係はほとんど考察されていない．

ここでは，古代の朝鮮半島における青銅資料の原料産地と，朝鮮半島と日本との交流を明らかにする端緒として，歴博が，大韓民国（以下，韓国と呼ぶ）慶尚道・釜山（以下，嶺南と呼ぶ）地域，東京大学文学部考古学研究室所蔵の朝鮮民主主義人民共和国楽浪土城出土資料，宮内庁所蔵の青銅製品・金銅製品，長野市教育委員会所蔵・歴博所蔵の青銅製品，また一部銀製品を対象として鉛同位体比測定を行なった結果を紹介する（齋藤ほか，2009）．分析資料は，考古学的にみて日本と朝鮮半島との関係をうかがわせる馬形帯鉤や筒形銅器などを取り上げ，また日本出土資料についても共伴遺物などから朝鮮半島との関連性が考えられる遺跡の資料を選択した．

馬形帯鉤（口絵3）は明らかに朝鮮半島で作られ，日本列島にもたらされたものとみなすことができるが，筒形銅器は日韓の考古学研究者の間で，日本列島製なのか，それとも朝鮮半島製なのかについて，現在も意見が分かれている．この論争に対して鉛同位体比分析の立場から何らかの新しい検討材料を提出できるかどうかということも，研究目的の一つであった．

これまで古代日韓両国にかかわるような青銅製品については，個別の遺跡や遺物の分析は進んでいるものの，考古学的な視点から系統的・総合的に資料を選択して分析を行ない，その結果に対して日韓の考古学・自然科学両分野の研究者が共同で議論を行なうような形での調査はほとんど行なわれていなかった．特に韓国の三国時代前後の青銅製品などについてこのような形態での研究を実施したのは，これが初めての試みであった．

本節では，前述した四つに以下の二つの領域を追加して話を進めていく．

a	領域Aのうち後期銅鐸などが集中的に分布する画一的な数値の鉛の領域
D_2	現在の朝鮮半島産鉛のうち，南東部の鉛鉱石が分布する領域

(2) 韓国の鉛鉱床の鉛同位体比分析結果

共同研究の期間中に，韓国科学技術部・基礎科学資源研究所のJeongら（2012）は，韓国内にある鉛鉱山の鉛同位体比を分析し，地質図に沿って系統的に分類した．論文内にある図表に基づいて，歴史資料用のa式図にまとめ直したのが口絵7のカラー図である．これらは，歴博が所有するのと同機種のMC-ICP-MSによって分析されたもので，きわめて高精度のデータとなっている．

(3) 朝鮮半島出土資料の鉛同位体比

韓国出土青銅器のすべての結果をまとめてみると，図1.3のように，特にデータの集中する領域が二つあることに気がつく．一つは $^{207}Pb/^{206}Pb$ 比 0.875〜0.877，

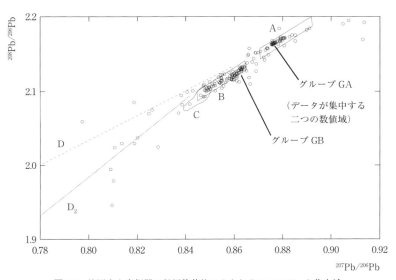

図1.3 韓国出土青銅器の鉛同位体比にみられる二つのデータ集中域

^{208}Pb/^{206}Pb 比 2.162〜2.166 のきわめて狭い数値範囲内に集まるもの，もう一つはこれと比べると範囲が広いが ^{207}Pb/^{206}Pb 比 0.857〜0.863，^{208}Pb/^{206}Pb 比 2.113〜2.135 の数値内に集まるものである．われわれは，前者を「グループ GA」，後者を「グループ GB」と名づけた．

図 1.4 はグループ GA の周辺を拡大して，領域 A，a とともに分布状況をみたものであり，この他に 5 点の資料が近接している．集中の度合いがみてとれる．右

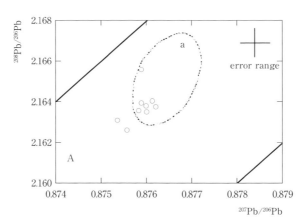

図 1.4 図 1.3 のグループ GA 付近を拡大したもの

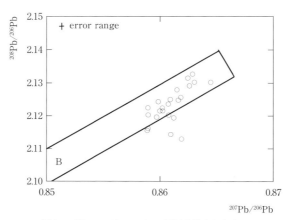

図 1.5 図 1.3 のグループ GB 周辺を拡大したもの

上の十字線は測定値の誤差範囲である.

　グループ GB はグループ GA と比べ,多くの遺跡の資料が含まれている.図 1.5 に領域 B とともに分布状況を示した(誤差範囲は左上に十字線で表示).分布には多少の広がりがあり,たとえば上限に近いところに位置するデータと下限に近いところに位置するデータだけを取り出して比較しても,両者が一致するとは言い難い.これについては,そもそも一つの鉱山の中では鉛同位体比にどの程度のばらつきがあるのかということもみておく必要があるだろう.グループ GB は朝鮮半島の鉱山との関連の可能性も考えられる(後述)ので,朝鮮半島で同一鉱山について複数の鉛鉱石を分析した結果(馬淵,平尾,1987)と比較してみた.すると,鉱山によって同位体比の分布状況にはかなり相違があり,均一性の高いところもあるが,ウランやトリウムが多く含まれる地域の鉱床などでは,グループ GB と同程度かそれ以上の範囲にばらついているところもあった.したがって,ここで示したグループ GB を一つの集団とみなすべきなのか,それとも数値の少しずつ異なる複数の集団がたまたまこの近辺に集まっているものなのか,この結果だけからは判別できない.しかし,分析値を集積した結果として,この領域に多くのデータが集中していることは確かなので,ここでは,これらをあわせて一つのグループとした.

　東京大学が所蔵する楽浪土城出土資料の分析結果を,これらとは別に図 1.6 に示した.比較しやすいように,上述したグループ GA,グループ GB の各領域を実線で記入してある.青銅資料 44 点中,36 点の数値がグループ GA(8 点)とその周辺(28 点)に集中していることがわかる.

(4) 日本出土資料の鉛同位体比

　図 1.7 は,歴博,長野市教育委員会,宮内庁が所蔵する馬形帯鉤,銅鐸,巴形銅器,馬鐸などの分析結果をまとめたものである.41 点の資料中,グループ GA に一致あるいは近接するものは 5 点,グループ GB に含まれるものは 17 点存在していた.

(5) グループ GA について

これまでに報告されている日本で作られた青銅器の鉛同位体比データの中で,

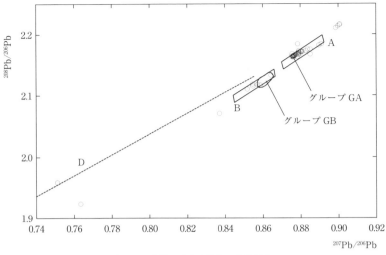

図 1.6 楽浪土城出土資料の分析結果

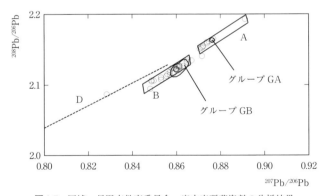

図 1.7 歴博・長野市教育委員会・宮内庁所蔵資料の分析結果

年代範囲には相違があるが,いわゆる近畿式・三遠式銅鐸のものが,グループ GA と重なりあっている.これは,佐原 (1960, 1979) の分類にしたがえば,突線鈕1式でこのような数値を示すものが出現し,2〜5式ではこの数値範囲にデータが集中する.また,銅鐸の原料は,外縁付鈕2式以降の段階には前漢鏡 (馬淵,平尾,1982b) と同じ数値範囲 (領域 A) を示し,これと同様の産地の原料が使用され

ていたと考えられており，地域として中国の華北が想定されている．

　以上のことや，数値として領域 a と重なる位置を占めていることと，グループ GA に含まれる韓国出土資料が，年代としては 2 世紀後半〜4 世紀（その近傍に数値が分布する資料を含めても紀元前 1 世紀頃〜紀元 4 世紀）であり，楽浪土城資料の年代（紀元前 2 世紀〜紀元 4 世紀）と重なりがある（なお，日本の近畿式・三遠式銅鐸(1〜2 世紀末)，弥生時代小形仿製 鏡(2〜3 世紀)，広形銅矛(2 世紀)についても，ほぼ重なりあう年代にあたる）ことから，馬淵（2007）も述べているように，グループ GA の製品の原料が領域 a と同じ中国華北の産地に由来するものである可能性は考えられる．この数値は，馬淵，平尾（1987）が報告している朝鮮半島の鉱床のデータには見あたらず，また前述した Jeong ほか（2012）が最近分析した韓国の鉱床のデータにも該当するものがない（口絵 7 参照）．

　しかし，これらの推定の根拠となっているのは現在のところ鉛同位体比数値の比較と資料の年代のみであり，朝鮮半島内において分析対象遺物と同時期の採鉱・製錬などのデータが十分に蓄積されているとはいえないことから，中国，楽浪，朝鮮半島，日本の四者間における製品と原料の移動に関する考古学と原料分析からの裏づけが完全にとれているわけではない．これらの間には地理的な隔たりがあり，また楽浪土城出土青銅器がどのような原料調達を行ない，どこで製作されたか，という検討も要する．

　なお，馬淵・平尾（1982a，1982b，1983，1987）が，「領域 A」あるいはここで述べたグループ GA と重なる「領域 a」について中国の華北と想定したのは，前述した通り，領域 A が中国の北部地域に産する鉛鉱石の分布範囲の中に含まれていたことや，測定した資料の歴史的な背景を総合的に検討した結果である．厳密にいえば，領域 a と重なる鉱床が特定されているわけではないので，将来，特に中国の鉱山・製錬遺跡出土資料を中心に確認していく必要がある．以上のことから，現時点では，グループ GA の原料産地について，いずれにしても中国の鉱床との関連の可能性について考慮しておいた方がよい，と指摘するにとどめておきたい．

　以上述べてきたように，グループ GA は，資料数としてはそれほど多くないが，データの一致性がきわめて高いことと，楽浪土城出土資料 44 点中 8 点の数値がこれと重なり，また 28 点がこの周辺（領域 A 内）に分布していること，日本で出

土した「規格品の原料」と称される近畿式・三遠式銅鐸などの鉛同位体比とよく一致しており，またその数値を示す朝鮮半島および日本出土資料の年代が全体としてほぼ重なりあう範囲におさまっていること，宮内庁所蔵資料からもこれと一致，もしくは近似した数値を示すものが検出されたこと，などから，韓国青銅器の原料産地や日韓の交流を考えるうえで注目すべき結果と考える．

(6) グループ GB について

グループ GB をグループ GA と比較したときの顕著な相違点の一つとして，資料の年代をあげることができる．大部分は4世紀〜7世紀初めであり，全体としてグループ GA より新しい年代の資料で構成されている．そして楽浪土城出土資料でグループ GB に属するものは3点しか検出されていない．これらの原料産地について考察するためには，三国時代当時に稼働していた鉱山の遺跡や製錬遺跡に関する調査が必要であるが，その状況は必ずしも明確になっていない．ここでは，今後の検討材料とするための可能性についてのみ述べる．

グループ GB は，グループ GA と比べると分布に多少広がりがあるが，測定を行なった韓国出土青銅製品 143 点中 43 点，宮内庁所蔵資料 34 点中 13 点，歴博所蔵馬形帯鉤 6 点中 5 点と多くの資料がここに含まれており，この時期の韓国青銅製品の鉛原料の主要な産地の一つと推測できそうである．

また，これまでに報告されている鉛同位体比の測定値でも，このグループ GB と重なる馬形帯鉤が少なからずみつかっている．これらの資料のデータはグループ GB よりも数値の集中度が高いので，将来検討が進めばグループ GB はさらにいくつかの領域に細分できる可能性もある．

従来の鉛同位体比研究の結果にしたがえば，中国の華中〜華南産原料の数値範囲にあるため，まだ測定されていない中国の鉱床が産地である可能性も考えられる．しかし，これまでに報告されている鉛鉱石の分析値をみると，朝鮮半島の鉱山の中で，韓国慶尚北道の漆谷鉱山のデータが，グループ GB と重なりはしないが比較的近い数値を示している（^{207}Pb/^{206}Pb：0.8566，^{208}Pb/^{206}Pb：2.1149．馬淵，平尾，1987）．

また，Jeong ら（2012）が分析した鉛鉱山のうち，これらの青銅器の出土地の周辺にある嶺南山塊や沃川褶曲帯の中に，グループ GB と重なる数値を示すものも

報告されている（口絵7参照）.

　さらに，グループ GB の産地を考えるうえで留意しておくべき点は，わずか1点ではあるが，銀製品でこの領域内に入る数値を示すものがみつかっているということである．古代朝鮮半島の鉱山採掘状況はいまのところよくわかっておらず，漆谷鉱山やその周辺の鉱山が当時稼働していたか，また銅や銀の採鉱が行なわれていたかどうかは不明なので，数値の近似をもってこの地域周辺に原料産地があると決めることはできない．しかし，1940年代にまとめられた朝鮮半島の鉱床に関する記述（朝鮮總督府地質調査所，1941：土田，1944）に，漆谷鉱山と比較的近い場所にある「慶尚北道高靈群雲水面月山洞高靈鑛山」が銀（Ag）および輝銀鉱（Ag₂S）の主産地としてあげられており，「輝銀鑛」の項目内で「方鉛鑛と緻密なる混合集合體をなし，黄銅鑛・閃亞鉛鑛及黄鐵鑛を隨伴し，時に自然銀及自然金を伴うことあり」と述べられている（朝鮮總督府地質調査所，1941）．これは，この周辺地域が，銅と銀（さらに鉛も）を一緒に産出するような鉱山の存在しうる地質条件であることを意味している．したがってこの近辺で，漆谷鉱山やグループ GB と同様の鉛同位体比を持ち，銅と銀を同時に産出していた鉱山が古代に稼働しており，それがこれらの資料の原料となった可能性も考えておく必要があるだろう．ただしこの推定を裏づけるためには，今後周辺地域の製錬や採鉱の遺跡について，考古学と自然科学の両面から調査を行なう必要がある．

1.3　皇朝十二銭と三彩・緑釉陶器の原料産地推定

(1)　皇朝十二銭の分析結果

　齋藤は，1996年から1997年にかけて本書執筆者の一人である高橋照彦とともに，日本銀行（日銀）金融研究所の客員研究員をさせていただいたことがある．その際に，所蔵する皇朝十二銭や中世模鋳銭・渡来銭，近世銭貨など，数多くの銅銭から試料をサンプリングして鉛同位体比分析し，いくつかの論文やレポート，歴博の企画展示などでデータを公表した（齋藤ほか，1998，2000，2002など）．ここでは皇朝十二銭（口絵2参照）の結果を紹介する．

　古銭学では，和同開珎は銭文の字体などの違いから「古和同」と「新和同」の二つに大別される．新和同は「開」の字の第二画と第五画に切れ目があり隷書風

図 1.8　古和同（左）と新和同（国立歴史民俗博物館所蔵）

であることからいわゆる「隷開」と呼ばれている特徴があり，古和同ではそこに切れ目がない「不隷開」（楷書風）のものが多い．また和同開珎は銅銭に先立って銀銭が発行されたと考えられており，これと同種の古朴な字体や作りのものを古和同，そうでないものを新和同と分類している．図 1.8 が，両者の違いを示したものである．

　図 1.9，1.10 は，私たちが行なった歴博と日銀が所蔵する皇朝十二銭 74 点の鉛同位体比分析結果で，図 1.2 の C 領域付近を拡大したものである（高橋，2001；齋藤ほか，2002）．図 1.9 は，和同開珎のうち古和同のものだけを，図 1.10 は新和同と萬年通寶以降の 11 種類の銭貨をあわせたものを示している．これを簡単にまとめると，ほとんどの分析データは日本の鉛鉱床の範囲内にあり，日本産の原料が使用されていたことがわかる．また詳細にみると，図 1.10 で，全体の約 8 割が図中に「Ⅰ」で示したきわめて狭い範囲内に集中している．これは以前から，奈良時代の他の青銅製品でもよく報告されているものである．ここではグループⅠと呼ぶことにする．これらは，数値の集中の度合いからみて，限定された鉱山の原料と考えてよい．

(2) 三彩・緑釉陶器の分析結果

　山崎（1987）は，日本古代の三彩・緑釉陶器を分析し，40〜70％もの一酸化鉛が含まれていることを報告している．ここでは，素材のつながりという観点から，皇朝十二銭と時期が重なる三彩・緑釉陶器の分析結果にも触れておきたい．

　緑釉は，鉛を主成分として含み，わずかに加えた銅を酸化させることで緑に着色した釉薬を陶器の上にかけたものである．日本で鉛釉の技術が用いられるよう

1.3 皇朝十二銭と三彩・緑釉陶器の原料産地推定

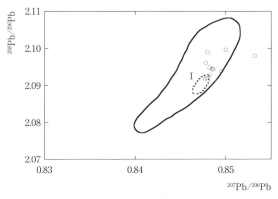

図 1.9 古和同の分析結果

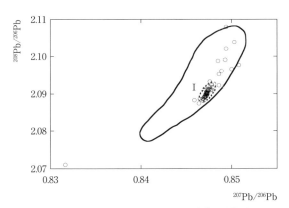

図 1.10 新和同と萬年通寳以降の十一銭種の分析結果

になったのは 7 世紀後半代で，当初は塼など特殊なものであり，量も少なく，緑釉の単彩であった．高橋 (2001) はこれらを「白鳳緑釉」と総称し，「百済の滅亡に伴い百済から日本に渡来した技術者が鉛釉技術をもたらした可能性があるのではないか」と仮説を立てている．

高橋 (2001) によれば，これ以降の変遷は下記の通りである．8 世紀になると日本でも三彩陶器の生産が確認できるようになる（おおむね奈良時代に生産されているため「奈良三彩」と呼ばれる）．8 世紀末〜9 世紀初めには三彩陶器の生産は減少し，緑釉単彩陶器が主流となる．9 世紀前半以降は，大量の緑釉が生産され，

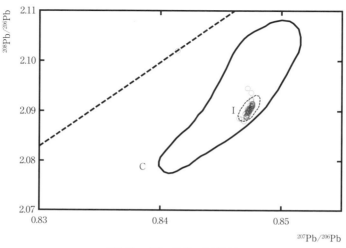

図 1.11 三彩・緑釉の分析結果

生産地も都城周辺から尾張・長門，さらに丹波・美濃・三河・周防・近江へと広がりをみせ，11世紀前半から中頃にはほぼ終焉を迎える．高橋はこれらを「平安緑釉」と呼んでいる．

歴博では，8世紀から10世紀後半頃までの三彩・緑釉陶器の鉛釉を対象に，生産地と消費地から出土した資料70点からサンプリングして，鉛同位体分析を行なった．その結果が，図1.11である．1点を除き，皇朝十二銭で得られたグループⅠの領域と同じところにデータが集まっており，しかも，集中の度合いがより高いことがみてとれる．

(3) 皇朝十二銭と三彩・緑釉陶器の原料の産地

文献史料でみると，銅が産出したという記事は7世紀の終わりからあらわれる．『続日本紀』『豊前国風土記』や正倉院文書によれば，因幡・周防・武蔵・豊前・長門で産出していたようである．しかし，具体的な鉱山名や位置までは記録されていない．したがって，産地を推定するためには，考古学的に調査された鉱山遺跡や製錬遺跡の資料を調べていく必要がある．

われわれは，奈良時代から平安時代にかけての銅や鉛の採掘・製錬遺跡として

1.3 皇朝十二銭と三彩・緑釉陶器の原料産地推定

発掘調査が進められている長登鉱山跡と，その近くにある平原第Ⅱ遺跡から出土した資料を提供してもらい，分析を行なってみた．これらの遺跡はいずれも山口県美祢市美東町にあり，長登鉱山跡には銅・鉛採掘のための坑道，山麓部の製錬関係工房などがある（池田，1990，1993；池田，森田，1998）．またこれは傍証的なものだが，奈良東大寺の発掘調査の際に，出土した溶銅塊に高濃度のヒ素が含まれていることがわかり，それが長登鉱山の銅鉱石の特徴と一致したことから，奈良の大仏の原料銅は長登鉱山からきたものではないかといわれてきた．そして，これは長登に伝わる「奈良の大仏に銅を送ったので，奈良登りがなまって長登になった」という地名伝説を裏づけるものではないかともいわれた．

平原第Ⅱ遺跡は長登鉱山跡の近くにあり，鉛の製錬遺構や大型掘立柱建物がみつかったことから，官衙のような施設があったのではないかと考えられている（池田，1994，2015）．この2遺跡から出土した鉛塊や，銅鉱石，銅製錬・鉛製錬の「からみ」（鉱滓）などについて分析を行なった．銅鉱石や銅製錬からみでは，不純物として含まれている鉛の同位体比を測定することになる．分析値は，図1.12のように，皇朝十二銭のデータが集中するグループⅠと重なっていることがわかった．

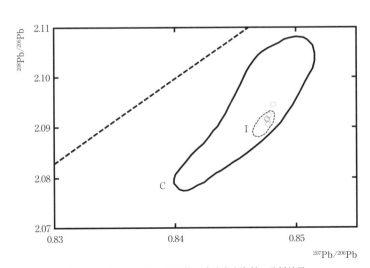

図1.12 長登鉱山跡・平原第Ⅱ遺跡出土資料の分析結果

もちろん，製品と鉱山の鉛同位体比データが同じ数値を示したからといって，その結果だけから，その鉱山が原料の産地であると結論づけることはできない．まったく異なる時期や異なる地域にある他鉱山で，偶然同じ数値を示すものがあるかもしれないからである．だが，前述した考古学的な研究結果ともあわせれば，長登鉱山跡がグループ I の産地の一つである可能性はきわめて高い．

また山口県内には，奈良時代にさかのぼる銅や鉛の製錬関係遺跡がみつかっており，長登鉱山以外にも，当時操業していた鉱山があったと考えられている．そこで，それに該当する福栄村の坂部遺跡（岩崎，1996）と美祢市の上ノ山遺跡（谷口，1994）の出土資料を調べてみた．これらは，それぞれ阿武郡の蔵目喜鉱山と美祢郡の於福鉱山に近接している．

その結果，上ノ山遺跡の資料はグループ I からやや離れる数値を示したのに対し，坂部遺跡の資料の一部はグループ I と重なっていることがわかった．このことから，グループ I の原料の産地として，長登鉱山と，坂部遺跡に近接する蔵目喜鉱山が候補になると考えられた．

1.4 日本産原料の開始時期はどこまでさかのぼれるか

(1) 確実にさかのぼれる時期

日本産原料の開始時期は以下のように考えられる．

まず，前述のように，鉱山跡や製錬遺跡の存在，鉛同位体比分析結果などからみて，8世紀に大量の国産原料が使われていたのは間違いない．

それよりも古い時期になると，考古学的には，山口県美祢市の中村遺跡で7世紀後半代の竪穴住居から銅塊と銅鉱石が出土し，銅塊は秋吉台周辺の鉱石を製錬したもの，銅鉱石は美祢市の於福鉱山のものである可能性が高いと報告されている（岩崎，中村，1987）．山口県美祢市の国秀遺跡では7世紀中葉の竪穴住居から，新羅系土器と，銅製錬に伴ってできる不純物の塊であるスラグが，また7世紀前半〜8世紀前半の竪穴住居からは銅鉱石，銅塊，銅滓などが出土している．これらから，考古学的にみて日本の銅生産は少なくとも7世紀中葉までさかのぼり，またこの地域の銅生産には朝鮮半島からの渡来系の人々が関わっていたことがわかる．

鉛同位体比分析の結果からみると，7世紀後半（白鳳後半期）と推定される武蔵国分寺跡付近銅造仏（東京都国分寺市の武蔵国分寺遺跡から出土した銅造観世音菩薩立像）と，紀元660年製作と考えられる漏刻（奈良県高市郡の飛鳥水落遺跡から出土した，中大兄皇子が作ったと考えられている水時計）の大銅管・小銅管が，日本産原料を使ったと判定されている（馬淵，平尾，1983；馬淵ほか，1995）．これらの鉛同位体比データをみると，武蔵国分寺跡付近銅造仏の数値がグループⅠの範囲に比較的近接してはいるものの，その他のデータはグループⅠからは明らかに離れており，長門（山口県）以外にも銅を生産していた地域のあったことが示唆される．

このように，考古学と自然科学の両面から証拠が得られているので，日本産原料の使用開始は，7世紀中葉頃まではほぼ確実にさかのぼるものとみてよい．

(2) 鉛同位体比からの推定

これよりも前の時期について，考古学的な事例はまだ見当たらないが，鉛同位体比分析の結果からは，日本産原料の可能性のあるものがいくつか報告されている．6世紀後半～7世紀初め頃とされる島根県出雲市の上塩冶築山古墳出土の銅鈴（松本，卜部，1999），6世紀末～7世紀初めころとされる島根県安来市の高広Ⅳ区3号横穴墓出土の耳環（足立，丹羽野，1984）と島根県出雲市の中村1号墳出土の馬具4点（坂本，2012）である．

前2者は馬淵久夫によって分析が行なわれた．上塩冶築山古墳の銅鈴の分析値は，日本産原料のC領域からは外れているが，島根県平田市後野鉱山の鉛鉱石と「ほとんど同じ値」であり，「本資料が現地に産する原料を使って作られたことは間違いないように思われる」として，日本産と判定している．また，高広Ⅳ区3号横穴墓の耳環の鉛同位体比はC領域内にあり，「同じ値の鉱山は未だ見出されていないが，兵庫県生野，明延が比較的近い値を示す」としている（馬淵，1987）．

中村1号墳の資料は歴博が分析したもので，雲珠2点と杏葉2点のデータがC領域に入った．さらに，雲珠のうち1点はグループⅠの中に含まれ，もう1点もそれに近い値をとっていた（齋藤，2012）．しかし，長登鉱山の採掘開始時期は，これまでの調査結果では7世紀末～8世紀初め（池田，森田，1998）と考えられており，中村1号墳の年代（6世紀後半～7世紀初め）まではさかのぼらない．これ

については，文献史料に出てくる銅の産出地のうち，『豊前国風土記』逸文で「第二峯有銅并黄楊龍骨等」との記載がある豊前の香春岳（福岡県田川郡）の銅山が古くから注目され，考古学や文献史学による研究が行なわれてきたことに注意をしておく必要がある（梅崎，1994；地域相研究会，1999；香春町，2001 など）.

香春岳の銅生産そのものに関する考古学的な発掘調査は行なわれていないが，周辺には関連すると思われる遺跡がある．亀田修一はそれらの遺跡の調査から，5 世紀前半から 7 世紀後半まで継続して朝鮮半島との関わりを示す資料がみられること，そして 7 世紀代は特にそうした資料が多いことを明らかにしている（亀田，2004）.これらの資料が香春岳の銅生産と直接むすびつくわけではない．しかし，考古学的にみて，日本の銅生産技術は朝鮮半島系の渡来人がもたらしたのではないかという見解がある（江浦，1988）ことを念頭におくと，香春岳産の原料が使用された可能性があるかもしれないということは考えておく必要があるだろう.

1.5 MC-ICP-MS による高精度分析

ここまでは，TI-MS による分析結果を紹介してきた.

歴博では，2013 年度末に MC-ICP-MS を導入した．さらに，2017 年度からは科学研究費補助金を取得し，山口大学：山口学研究センターと包括協定を結んで，奈良・平安時代を中心に，山口県やその周辺にある遺跡・鉱山の資料，文献の記載などを融合させることによって，総合的な調査を進めている．以下にいくつかの例を紹介する．数値を見比べていただければわかるように，図はいずれも，C 領域内にあるグループ I の中をさらに拡大したものである．相互の比較が容易になるように，図中にグリッドを入れた.

図 1.13 は，山口大学，山口県立山口博物館，山口市教育委員会，長登銅山文化交流館から提供していただいた，山口県内にある鉱山の鉱石試料のうち，古代に稼働していた場所の資料を選び，鉛同位体比分析を行なった結果である．それぞれ，3〜5 回の繰り返し分析を行なっており，ほぼ同じ数値を示しているが，於福鉱山は鉱石の採取箇所による多少の違いがみられる．これは，装置の分析精度からみると，鉱床内でわずかながら場所による差異が生じている可能性もある.

1.5 MC-ICP-MS による高精度分析

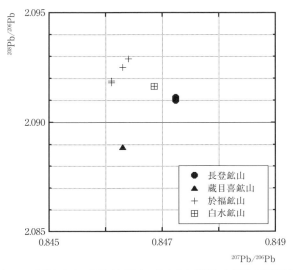

図 1.13 古代にさかのぼる山口県内の鉱山から採取した鉱石の分析結果

　図 1.14～1.16 は，長登鉱山と平原第 II 遺跡で出土した粗銅塊，鉛関連遺物，緑釉の分析結果，また図 1.17 は京都府亀岡市の篠窯跡群大谷 3 号窯（平安時代前期）から出土した緑釉の分析結果である．いずれも，蔵目喜鉱山のデータからは外れており，多少のずれはあるものの，長登鉱山のデータに近い．したがって，これらの資料に関しては，前述の二つの産地候補地（長登鉱山と蔵目喜鉱山）のうち，長登鉱山が有力であるということになる．

　ここまでは見通しがついたものの，まだ分析した資料は限定的である．産地推定の精度をより高めていくためには，資料の調査件数を増やすとともに，すでに TI-MS で測定している資料の再確認や再分析などもあらためて行なっていく必要があるだろう．また，図 1.13 には示さなかったが，鉛同位体比分析を行なった山口県内の鉱山で，文献上，近世からの採鉱は確認されるものの，古代までさかのぼるかどうかの考古学的裏づけがまだとれていないところもある．遺跡調査の進展を期待したい．

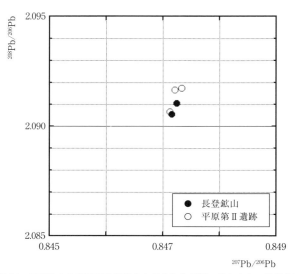

図 1.14 長登鉱山と平原第Ⅱ遺跡から出土した鉛塊・鉛からみの分析結果

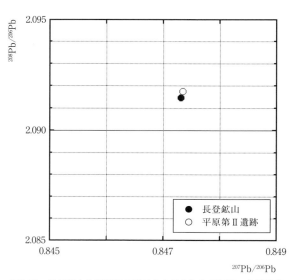

図 1.15 長登鉱山と平原第Ⅱ遺跡から出土した粗銅塊の分析結果

1.5 MC-ICP-MS による高精度分析

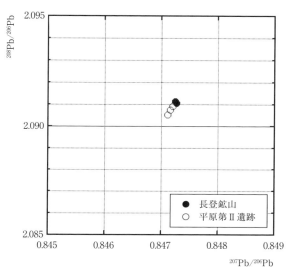

図1.16 長登鉱山と平原第II遺跡から出土した緑釉の分析結果

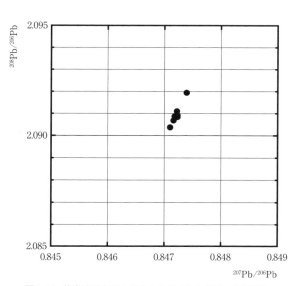

図1.17 篠窯跡群大谷3号窯から出土した緑釉の分析結果

まとめ

本章でご覧いただいたとおり，考古学的に選択した資料に対して鉛同位体比分析を行なうことによって，異なる角度からの視点が生まれ，新しい研究が展開できるようになる．

歴博は，国際交流を推進する一環として，韓国の各機関とも協定を結び，研究上のやりとりを盛んに行なっている．ここで述べた，古墳時代における朝鮮半島産原料の使用の可能性は，その中で生まれた研究成果である．ただしそれは，最近の考古学研究で指摘されていた，朝鮮半島系渡来人による古墳時代の日本への影響の議論がまずベースとしてあったうえで，両地域を関連づける青銅器が選択され，それらの鉛同位体比分析の結果が反映されることによって得られた結果であり，自然科学的なデータは，全体の研究を支える柱の一つとして機能したと位置づけるべきである．古代日本の青銅器や鉛釉をめぐる研究でも同様のことがいえる．

鉛同位体比の分析にMC-ICP-MSが使われるようになり，TI-MSに比べて，データの精度は1桁以上も向上した．これに伴い，いままでは十分に行なえなかった鉱山間，資料間の識別も容易になった．しかし，精度が上がるということは，言い換えれば，ごくわずかな違いでも見分けられるようになるということであり，図1.13の於福鉱山のように，同じ鉱山内でも，鉱石を採取した場所による微小な鉛同位体比の差異さえ識別できるということを意味している．これまでの産地推定研究では，一つの鉱床内における鉛同位体比のばらつきは無視できるほど小さいということを前提として議論が行なわれており，比較資料となる鉱石の採取にはあまり神経を払ってこなかった．しかし精度の向上に伴い，今後は，鉱石原料の採取場所などにも注意を払う必要が出てくるであろう．

本稿をまとめるにあたり，資料や情報をご提供いただいた，以下の方々に御礼を申し上げます（敬称略）．　青山　敬，池田善文，今岡照喜，岩崎仁志，加納隆，亀谷　敦，後藤建一，坂本豊治，篠田忠夫，杉山　尚，高橋照彦，高橋文夫，田中晋作，永嶋真理子，乗安和二三，森田孝一，山口大学：山口学研究センター．

参考文献

足立克己，丹羽野　裕（1984）高広遺跡発掘調査報告書，島根県教育委員会.

池田善文（1990，1993）長登銅山跡Ⅰ・Ⅱ・Ⅲ，美東町教育委員会.

池田善文（1994）平原第Ⅱ遺跡の鉛製（精）錬所跡．月刊文化財，374，pp.1-2.

池田善文（2015）長登銅山跡—長門に眠る日本最古の古代銅山—，同成社.

池田善文，森田孝一（1998）長登銅山跡Ⅲ，美東町教育委員会.

岩崎仁志（1996）坂部遺跡，福栄村教育委員会.

岩崎仁志，中村徹也（1987）中村遺跡，山口県教育財団，山口県教育委員会.

梅崎惠司（1994）旧豊前国産銅史考．研究紀要，8，pp.41-71，（財）北九州市教育文化事業団埋蔵文化財調査室.

江浦洋（1988）日本出土の統一新羅系土器とその背景．考古学雑誌，74巻2号，pp.188-224.

亀田修一（2004）渡来人と金属器生産．鉄器文化の多角的追究，pp.75-94，鉄器文化研究会.

香春町（2001）香春町史.

齋藤　努（2012）中村1号墳出土資料の鉛同位体比分析結果．中村1号墳，pp.167-170，出雲市教育委員会.

齋藤　努，高橋照彦，西川裕一（1998）中世～近世初期の模鋳銭に関する理化学的研究．金融研究，17巻3号，pp.83-130.

齋藤　努，高橋照彦，西川裕一（2000）近世銭貨に関する理化学的研究—寛永通寶と長崎貿易銭の鉛同位体比分析—．IMES Discussion Paper，No.2000-J-1.

齋藤　努，高橋照彦，西川裕一（2002）古代銭貨に関する理化学的研究—「皇朝十二銭」の鉛同位体比分析および金属組成分析—．IMES Discussion Paper，No.2002-J-30.

齋藤　努，土生田純之，亀田修一，福尾正彦，鄭仁盛，高田貫太，風間栄一，藤尾慎一郎，柳昌煥，趙榮濟（2009）鉛同位体比分析による古代朝鮮半島・日本出土青銅器などの原料産地と流通に関する研究—韓国嶺南地域出土・東京大学所蔵楽浪土城出土・宮内庁所蔵の資料などを中心に—．考古学と自然科学，59，pp.57-81.

坂本豊治（2012）中村1号墳，出雲市教育委員会.

佐原　真（1960）銅鐸の鋳造．世界考古学大系2，pp.92-104，平凡社.

佐原　真（1979）銅鐸．日本の原始美術7，pp.54-73，講談社.

島根県教育委員会（1984）高広遺跡発掘調査報告書.

島根県古代文化センター（1999）上塩冶築山古墳の研究.

高橋照彦（2001）三彩・緑釉陶器の化学分析結果に関する一考察．国立歴史民俗博物館研究報告，86，pp.209-232.

谷口哲一（1994）上ノ山遺跡，山口県教育委員会，山口県教育財団.

地域相研究会（1999）福岡県香春岳の銅生産に関する調査研究，地域相研究，27，pp.65-116.

朝鮮總督府地質調査所編（1941）朝鮮鑛物誌，pp.9-10，p.18，三省堂.

土田定次郎（1944）朝鮮鑛床論，p.74，霞ヶ関書房.

松本岩雄，卜部吉博（1999）上塩冶築山古墳の研究，島根県古代文化センター.

馬淵久夫（1987）鉛同位体比による原料産地推定．出雲岡田山古墳，pp.167-171，島根県教育委員会．

馬淵久夫（2007）鉛同位体比による青銅器研究の 30 年—弥生時代後期の青銅原料を再考する—．考古学と自然科学，55，pp.1-29．

馬淵久夫，平尾良光（1982a）鉛同位体比からみた銅鐸の原料．考古学雑誌，68 巻 1 号，pp.42-62．

馬淵久夫，平尾良光（1982b）鉛同位体比法による漢式鏡の研究．*MUSEUM*，370，pp.4-12．

馬淵久夫，平尾良光（1983）鉛同位体比による漢式鏡の研究（二）．*MUSEUM*，382，pp.16-26．

馬淵久夫，平尾良光（1987）東アジア鉛鉱石の鉛同位体比—青銅器との関連を中心に—．考古学雑誌，73 巻 2 号，pp.71-117．

馬淵久夫，平尾良光，泉谷明人，木村　幹（1995）鉛同位体比による水落遺跡出土銅管の原料産地推定．飛鳥水落遺跡の調査，飛鳥・藤原宮発掘調査報告Ⅳ，奈良国立文化財研究所．

山口県教育委員会・山口県教育財団（1994）上ノ山遺跡．

山崎一雄（1987）古文化財の科学，思文閣出版．

Jeong, Y.J., Cheong, C.S., Shin, D.B., Lee, K.S., Jo, H.J., Gautam, M.K. and Lee, I.S.（2012）Regional variations in the lead isotopic composition of galena from southern Korea with implication for the discrimination of lead provenance. *J. Asian Earth Sci.*, pp.116-127.

第2章 青銅祭器の自然科学分析
―加茂岩倉銅鐸群の分析―

増田 浩太

　青銅器が朝鮮半島や大陸から導入され，日本列島で本格的に用いられ始めたのは，弥生時代前期末から中期初頭と考えられている．特に弥生時代の青銅器を代表する銅鐸や，銅矛・銅剣・銅戈などの武器形青銅器は，実用的な要素を廃し，祭祀用に特化した器物として知られており，「青銅祭器」とも呼ばれている．それゆえ，銅鐸はより見栄えのする大きなものへと進化し，武器形青銅器は武器としての機能を廃し，扁平大型化していくのが特徴である．初期の武器形青銅器を除けば，これらは墓に副葬されることがなく，丁寧に土に埋められた，いわゆる「埋納」状態で発見される．そして他の遺物，たとえば土器や石器，鉄製品などが供伴することがほとんどなく，青銅祭器だけがぽつんと埋められていることが多い．

　青銅祭器のこうした特徴は，考古学的な検証，たとえば使用された状況や埋められた時期の特定を困難にしている．他の出土品に比べ，出土状況から得られる情報が少ないからだ．2015（平成27）年に兵庫県南あわじ市で発見された松帆銅鐸は，銅鐸に「舌」と呼ばれる青銅製の棒が付属していたことで話題になった．銅鐸は鐘のように外面を叩くのではなく，中に舌をぶら下げ，これを振って鳴らすと考えられてきた．銅鐸の内面には内面突帯と呼ばれる土手状の出っ張りが作られており，この突帯がすり減っているため，銅鐸を振り鳴らし，摩耗した結果なのだと考えられたのである．しかし銅鐸と舌の供伴例はこれまでわずか2例しかなく，どのようにぶら下げていたのかもよくわかっていなかった．松帆銅鐸では，3・4号鐸と5・6号鐸が入れ子と呼ばれる組み合わされた状態で発見されたため，舌が使用時のまま銅鐸内に残されていた．また舌には紐の一部も残存しており，銅鐸内に舌が下げられていた様子が初めて具体的に把握できたのである．

　また，青銅祭器はその使用年代を正確に押さえることも難しい．日本列島の考

古学では，緻密な土器分析と遺構検証から土器の製作・使用時期を整理した，「土器編年」と呼ばれる年代を測る物差しを基準としている．土器以外の遺物や遺構の年代観も，これを援用しながら組み立てられている．土器編年は，さまざまな出土品を同じ基準で把握することができる便利な道具であるが，多くが埋納状態で発見され，土器などの供伴遺物がない青銅祭器では簡単ではない．物差しを当てようにも，基準が定まらないからだ．その青銅祭器がいつ頃使用され，いつ埋納されたのか．青銅祭器を知るうえで最も大切であるはずの年代観さえ，正確に把握することが難しいのである．

　このように青銅祭器は特殊な出土品であるがゆえにさまざまな「謎」があり，なかなかその回答を得られないでいる．筆者は島根県が新たに博物館（島根県立古代出雲歴史博物館）を作るにあたり，その準備から開館を経て軌道に乗るまでの約10年間を学芸員として過ごし，荒神谷青銅器群や加茂岩倉銅鐸群の管理や調査研究に携わってきた．この地域を代表する青銅祭器のことを多くの人々に知ってもらいたい，興味を持ってほしいという思いは強い．しかしいざ語ろうとして気づくのは，「この銅鐸は何年くらい前に使われていたものですか？」「何に使われていたのですか？」といった基本的な質問すら明快に答えられないという現実である．「出土以来，何十年も調査しながら，何もわからない」と叱責され，歯がゆい思いをしたことも少なくない．研究者の努力にもかかわらず，謎解明への道は険しい．

　こうした影響もあるのだろう，青銅祭器研究は旧来の考古学的手法だけでなく，自然科学分析や復元鋳造・研磨を中心とする実験考古学など，さまざまなアプローチがとられている．特に自然科学分析は永年の蓄積があり，分析データから青銅祭器のさまざまな特質が判明してきている．今回は青銅祭器の中でも39個もの銅鐸が一括出土した加茂岩倉銅鐸群を中心に，成分分析と鉛同位体比データから青銅祭器の「謎」にせまってみることにしよう．

2.1　加茂岩倉銅鐸群

(1) 加茂岩倉銅鐸群の発見

1996（平成8）年10月，島根県雲南市（旧島根県大原郡加茂町）で銅鐸が出土

した．農道工事のため，山の斜面を重機で掘削していたところ，銅鐸が次々とみつかったのである．急遽実施された発掘調査の結果，計39個もの銅鐸が確認された．その数は1か所の埋納地として当時日本最多であった大岩山(滋賀県野洲市)を大きく上回るものであった（口絵1参照）．

銅鐸のうちいくつかは，中型の銅鐸の中に小型の銅鐸をはめ込んだ「入れ子」と呼ばれる状態で埋められていた(口絵1参照)．重機掘削の影響でばらばらになってしまった銅鐸にも入れ子の痕跡が確認でき，基本的にはすべての銅鐸が入れ子の状態で埋められていたと考えられる．前述の松帆銅鐸や大岩山銅鐸も入れ子でみつかっており，大小の銅鐸を組み合わせて埋納するというルールが広く行なわれていたと考えられる．

荒神谷遺跡（旧島根県簸川郡斐川町）で358本の銅剣が発見されて以来，古代出雲（島根）といえば「青銅器のクニ」といわれるようになったが，加茂岩倉銅鐸群の発見は，その評価をより高めるものとなった．県内出土の青銅祭器は，銅鐸56個，銅剣371本，銅矛16本などを数え全国的にみても数が多いが，その大部分が荒神谷遺跡・加茂岩倉遺跡出土品で占められている．いわば一極集中型である点が大きな特徴である．

加茂岩倉銅鐸群はすべて保存処理・修理が終了し，2008（平成20）年には国宝に指定された．現在は一括して島根県立古代出雲歴史博物館で保管・展示されている．

(2) 加茂岩倉銅鐸群の特徴

加茂岩倉銅鐸群は，39個という数もさることながら，さまざまな型式と文様の銅鐸が揃った「銅鐸博物館」の様相を呈している．まずは加茂岩倉銅鐸群を構成する各銅鐸について，おさらいしておこう．

加茂岩倉銅鐸群は，高さ30cmクラスの小型銅鐸19個と，45cmクラスの中型銅鐸20個の2グループに分けられる．発見当時，多くの銅鐸は掘り出されてしまっていたが，いくつかの銅鐸は埋納されたままの状態で残っており，中型銅鐸の中に小型銅鐸をはめ込んだ「入れ子」になっていた．両者はぴったり収まる大きさであり，中型銅鐸が1個余ってしまうという問題はあるが，意図的にこのサイズの銅鐸を集めて使用していた可能性が高い．

銅鐸は，最古段階の菱環鈕式から外縁付鈕式，扁平鈕式を経て，最新段階の突線紐式の４段階に大別される．そして時を経る中で徐々に大型化するとともに，製作地が増え，個性的な派生型が生み出されていく．やがて大型化した銅鐸は「鳴らす」という機能を廃し，「仰ぎ見る」銅鐸へと性格を変えていく．加茂岩倉銅鐸群の場合，最古段階の菱環鈕式は含まれていない．最も古いのは小型銅鐸19個で，すべて外縁付鈕式である．外縁付鈕式は新旧２段階に細分できるが，19個とも古いタイプである外縁付鈕１式の銅鐸である．一方，中型銅鐸20個は外縁付鈕２式から突線紐１式までの幅広い型式の銅鐸があり，言い換えれば製作時期は必ずしもまとまっていない．ただし，突線紐式の中でも最初期段階のものまでしか含まず，突線紐２式から４式にあたる大型銅鐸はない．このことから，加茂岩倉銅鐸群は他地域に先駆けて使用を止め，土中に埋納されたのではないかと考えられる．

　銅鐸の文様は，鐸身に格子状の枠を配置した袈裟襷文と，複条の曲線を連ねた流水文に大別される．銅鐸は数百年にわたり近畿地方を中心とする西日本各地で製作されたが，基本的な文様構成はこの２種類のみである．

　加茂岩倉銅鐸群のうち，小型銅鐸（外縁付鈕１式）はすべて４区袈裟襷文である．中型銅鐸には袈裟襷文銅鐸11個と流水文銅鐸９個が含まれる．袈裟襷文銅鐸は，外縁付鈕２式が２個，扁平鈕１式２個，扁平鈕２式４個，突線紐１式３個からなり，扁平鈕２式は６区袈裟襷文，それ以外は４区袈裟襷文を持つ．突線鈕１式の銅鐸３個は，シカやトンボ，正体不明の四つ足動物（四脚獣）などの意匠の共通した絵画を持ち，文様構成にも独自性がみられることから，出雲地域で独自に製作された可能性も指摘されている．

　流水文銅鐸はすべて外縁付鈕２式から扁平鈕１式の中型銅鐸で，当時銅鐸生産の主流派であった河内南部地域の工房で製作されたとされる，横型流水文の銅鐸である．

　以上のように，加茂岩倉銅鐸群の銅鐸は複数型式が併存し，文様や形態もバラエティーに富んでいるものの，まったくばらばらな個体の集合ではない．型式や形態の似通った銅鐸のグループが，複数集まって構成されているのである．加茂岩倉銅鐸群の分析は，最も古い菱環鈕式と最新式の突線鈕２から４式銅鐸を欠くとはいえ，単に一遺跡から出土した銅鐸の特徴を把握できるだけではなく，広く

銅鐸全体の様相を知るうえでもよいサンプルとなり得るのである．

(3) 分析試料の採取

　加茂岩倉銅鐸群は，発見後の保存修理の段階で分析用資料の採取が行なわれ，その成分分析と鉛同位体分析が実施された．分析用資料の採取は，銅鐸の形状や文様等に影響を与えないことが大前提であるが，同時に金属の残存性のよい部分から行なう必要がある．銅鐸はほとんどの部分が数 mm 程度の厚さしかなく，表面から内部まで錆が進行していることが多いため，採取位置は自ずと限られる．また，加茂岩倉銅鐸群のように複数の青銅祭器がまとまって出土した場合，隣接する別の銅鐸に由来する錆が付着していることが考えられ，測定値に影響を与えるおそれがある．そこで外見上影響のない鐸身内面の，最も厚みのある内面突帯を選択し，超硬カッターを用いて試料を採取した．銅鐸の表面は緑色や青色の塩基性炭酸銅や褐色の酸化銅で覆われており，こうした 2 次生成物を取り除いて，内部の新鮮な金属を採取した．

　さて，青銅祭器には指定文化財となっている資料も多く，わずかとはいえ物理的破壊を伴う分析用資料の採取には制約が多い．出土品であれば，付着した土をクリーニングした際にはがれた錆を利用することもできるが，前記の通り隣接して埋まっていた別個体の錆が混じっている可能性がある．また成分分析を確実に行なうためには，2 次生成物である錆ではなく，本来の金属部を採取する必要がある．技術革新により，近年はごく微量の分析用資料であっても精度の高い分析が可能になっているが，採取には十分な配慮が必要である．

　なお，加茂岩倉銅鐸群では採取部分の穴を樹脂で埋め，周囲に合わせて彩色したため，肉眼で採取位置を知ることはできない．紫外線ライト（ブラックライト）を当ててやると，樹脂部分がわずかに発光し，その位置を把握することができる．こうした配慮も，貴重な文化財から分析用資料を得る際には重要なのである．

(4) 分析の再現性

　青銅祭器からの分析用資料採取に制約がある場合，むやみに採取箇所を増やすわけにはいかない．では実際問題として，何箇所から採取すれば事足りるのだろうか．採取部位によって測定値がばらつくことはないのだろうか．青銅祭器のう

表 2.1　荒神谷遺跡出土 C96 号銅剣の成分（島根県教育委員会，1996）

| 資料番号 | Cu | Sn | Pb | Ag | As | Bi | Co | Fe | Mn | Ni | Sb | Zn | 合計 |
					(%)				(ppm)	(%)		(ppm)	(%)
C96-A	83.7	3.90	8.06	0.13	0.51	0.055	0.045	0.003	<1	0.17	0.55	<10	97.1
C96-B	82.8	4.11	8.14	0.13	0.52	0.059	0.044	0.009	<1	0.14	0.53	<10	96.5
C96-C	84.5	3.90	8.06	0.13	0.52	0.061	0.045	0.003	<1	0.15	0.55	<10	97.9
C96-D	83.5	3.95	8.20	0.13	0.49	0.061	0.045	0.002	<1	0.15	0.54	<10	97.1
C96-E	84.6	3.93	8.52	0.13	0.52	0.060	0.045	0.003	<1	0.15	0.53	<10	98.5
C96-F	83.5	4.07	8.35	0.13	0.50	0.059	0.045	0.002	<1	0.15	0.53	<10	97.3
平　均	83.8	3.98	8.22	0.13	0.51	0.059	0.045	0.004	<1	0.15	0.54	<10	97.4

ち，初期段階に製作された細形の武器形青銅器は，溶解技術に難があり，一つの個体の中で成分が均質でないものが存在することが知られている．しかし，当時流通していた青銅素材がある程度限られることや，溶解技術の向上によって，同一個体内で成分に大きな差が生じることはなくなる．どの部位からサンプルを採取しても，成分は基本的に変わらないし，鉛同位体比も変わらない．一例として，荒神谷銅剣 C96 号の分析結果をみてみよう．この分析では C96 号銅剣の各所に孔を穿ち，計 6 点のサンプルを採取した．その分析結果をみてみると，各部位の成分濃度や鉛同位体比はほぼ一致していることがわかる（表 2.1）．もちろん複数箇所から採取できればより精度は増すであろうが，通常は 1 か所から採取したサンプルで問題ないと考えられる．

2.2　加茂岩倉銅鐸群の成分分析

青銅祭器は主として 3 元素（銅，スズ，鉛）を含む青銅素材で作られている．これらは主要三元素とも呼ばれ，これ以外にヒ素やアンチモン，コバルト，ビスマス，銀などをごく少量含むことが知られている．銅像（ブロンズ像）や十円硬貨に用いられている青銅には数％の亜鉛が含まれるが，青銅祭器にはごくわずかしか含まれていない．

主要三元素の濃度は，青銅が溶ける温度（融点），流動性，硬度，強度，色調などさまざまな性質に関わってくる．銅は融点が 1000℃ 以上と高いため溶解に技術を必要とし，軟らかさゆえに加工しやすい反面，耐久性に劣る．こうした欠点を

2.2 加茂岩倉銅鐸群の成分分析

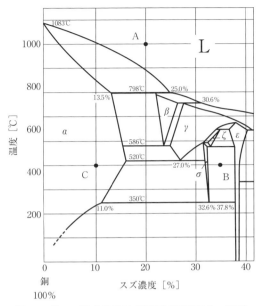

図 2.1 銅-スズ合金状態図（島根県教育委員会，1996）

補うため，スズや鉛の添加は古くから行なわれてきた．図 2.1 は銅とスズの濃度と温度の関係を示しており，図中の L 部分は完全に溶解した状態を示す．銅 100 %でスズ 0%のとき，融点は約 1083℃であるが，スズを 20%含む場合には融点が 200℃近く低下し，900℃以下になることがわかる．また図 2.2 を見ると，銅とスズの合金はスズの増加に伴って硬度が増すものの，引っ張り強度はスズ 16%を境に急激に低下することがわかる．スズ濃度が高くなると，青銅は硬くて脆くなり，研磨や切削などの加工が難しくなるだけでなく，ちょっとした負荷で割れるなど，非常に扱いづらいものになってしまう．一方，鉛の添加は，融点を下げるとともに，溶銅の流動性を高め，鋳型への流し込み（鋳込み）を容易にするメリットがあるとされている．わずか数 mm の厚さしかないような青銅祭器を鋳込むためには，溶銅を手早く確実に鋳型に流し込む必要がある．流動性の確保は，失敗作を減らすために重要なのである．青銅祭器に含まれる銅の割合は，多くの分析例から 70〜90%程度と判明しており，スズと鉛を添加することで，製品製作を容易にするとともに，加工性や耐久性を担保していたと考えられる．

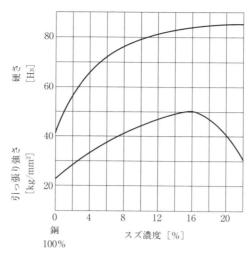

図 2.2 銅-スズ合金強度図（島根県教育委員会，1996）

　主要三元素の濃度は製品の色調にも影響を与える（口絵 4 参照）．銅単体の場合は，やや赤みを帯びたいわゆる赤銅色であるが，スズ濃度が増すとともに黄金色となり，やがて白銀色へと変化する．青銅祭器の色調は，やや赤みを帯びた黄金色から黄金色と考えられる．加茂岩倉銅鐸群の中には出土時に重機の爪で破損したものがあるが，その破断面は黄金色に近いことがわかる．弥生人がどの程度色調にこだわりがあったのか，推し量ることは難しいが，祭器として用いられた銅鐸や武器型青銅器の色調は少なからず意味を持ったと考えられよう．

(1) 加茂岩倉銅鐸群の成分分析

　加茂岩倉銅鐸群の成分分析では，採取試料に硝酸と塩酸を加えて加熱分解し，これに純水を加えて分析用溶液を作成した．以下の分析結果は，これを用いてICP発光分光分析装置とICP質量分析装置で測定したものである．

　加茂岩倉銅鐸群の成分分析結果は表 2.2 のとおりである．銅鐸が番号順に並んでいないが，各銅鐸の番号は，出土時にその場の判断で順番に割り振られただけなので，特段の意味はない．銅鐸型式や入れ子同士の関係などともまったく無関係なので，ここではわかりやすくするために型式別に並べ直した．なお，表中で

2.2 加茂岩倉銅鐸群の成分分析

表 2.2 加茂岩倉銅鐸群の成分 (%)

号数	型式	大きさ	Cu	Sn	Pb	As	Bi	Ni	Zn	Fe	Mn	Ag	Sb	Co	Au
03	外縁付鈕1	小型	65.92	14.12	9.24	0.22	0.026	0.11	—	0.02	—	0.11	0.09	0.033	0.005
04	外縁付鈕1	小型	73.88	14.22	7.69	0.19	0.021	0.10	—	0.05	—	0.08	0.07	0.051	0.083
06	外縁付鈕1	小型	73.92	13.90	8.05	0.19	0.024	0.09	0.001	0.03	—	0.09	0.08	0.030	0.005
07	外縁付鈕1	小型	78.03	12.01	7.00	0.20	0.025	0.11	—	0.01	—	0.10	0.08	0.040	0.004
09	外縁付鈕1	小型	74.57	13.71	8.50	0.31	0.038	0.12	0.001	0.010	—	0.12	0.10	0.044	0.005
12	外縁付鈕1	小型	76.43	12.63	7.77	0.21	0.026	0.12	—	0.008	—	0.12	0.086	0.044	0.006
14	外縁付鈕1	小型	76.88	12.11	7.66	0.21	0.011	0.11	0.001	0.008	—	0.12	0.080	0.032	0.007
16	外縁付鈕1	小型	76.63	13.44	6.68	0.17	0.014	0.11	0.001	0.009	—	0.11	0.072	0.043	0.007
17	外縁付鈕1	小型	76.81	15.15	7.36	0.18	0.024	0.13	—	0.008	—	0.10	0.079	0.043	0.003
19	外縁付鈕1	小型	75.50	13.15	7.56	0.10	0.030	0.13	—	0.006	—	0.12	0.048	0.038	0.005
22	外縁付鈕1	小型	75.81	13.98	6.93	0.13	0.025	0.14	—	0.005	—	0.13	0.046	0.038	0.005
24	外縁付鈕1	小型	76.10	13.61	7.60	0.13	0.029	0.15	—	0.003	—	0.11	0.047	0.045	0.003
25	外縁付鈕1	小型	77.31	12.85	7.39	0.14	0.027	0.14	—	0.006	—	0.11	0.058	0.039	0.004
27	外縁付鈕1	小型	76.64	11.42	7.41	0.22	0.013	0.11	—	0.015	0.001	0.12	0.094	0.027	0.004
30	外縁付鈕1	小型	74.74	13.15	8.21	0.21	0.014	0.10	—	0.024	0.001	0.11	0.095	0.031	0.003
33	外縁付鈕1	小型	76.61	12.81	7.03	0.15	0.023	0.10	—	0.017	—	0.11	0.064	0.031	0.002
36	外縁付鈕1	小型	76.37	13.55	6.93	0.22	0.026	0.15	—	0.008	—	0.12	0.084	0.032	0.008
38	外縁付鈕1	小型	76.59	13.91	7.21	0.18	0.024	0.14	—	0.008	—	0.13	0.084	0.028	0.005
39	外縁付鈕1	小型	75.95	14.69	7.51	0.22	0.029	0.12	—	0.013	—	0.11	0.088	0.032	0.004
02	外縁付鈕2	中型	76.39	4.35	7.41	0.57	0.048	0.11	0.001	0.13	—	0.13	0.39	0.038	0.064
05	外縁付鈕2	中型	87.66	3.21	5.88	0.59	0.026	0.16	0.003	0.18	—	0.097	0.56	0.15	0.008
11	外縁付鈕2	中型	86.53	3.15	7.98	0.50	0.041	0.13	0.001	0.025	0.001	0.14	0.44	0.053	0.004
13	外縁付鈕2	中型	83.27	7.52	6.81	0.44	0.044	0.16	0.002	0.045	—	0.11	0.35	0.053	0.009
21	外縁付鈕2	中型	84.95	3.75	7.34	0.35	0.044	0.15	—	0.005	—	0.13	0.380	0.031	0.008
31	外縁付鈕2	中型	82.35	4.64	8.64	0.61	0.030	0.13	0.001	0.041	0.001	0.14	0.53	0.056	0.007
32	外縁付鈕2	中型	85.14	4.26	6.45	0.47	0.031	0.14	—	0.045	—	0.14	0.43	0.059	0.010
34	外縁付鈕2	中型	84.17	4.97	8.69	0.59	0.051	0.15	0.001	0.048	—	0.14	0.40	0.055	0.011
37	外縁付鈕2	中型	92.24	1.79	3.66	0.37	0.031	0.11	—	0.044	—	0.098	0.33	0.030	0.004
15	扁平鈕1	中型	82.09	6.53	8.87	0.43	0.036	0.14	—	0.041	—	0.14	0.35	0.051	0.004
28	扁平鈕1	中型	85.94	2.19	7.10	0.52	0.024	0.14	—	0.18	—	0.10	0.49	0.068	0.008
01	扁平鈕2	中型	76.12	13.80	7.29	0.54	0.083	0.15	0.004	0.10	0.015	0.12	0.36	0.084	0.008
08	扁平鈕2	中型	73.88	15.68	8.16	0.36	0.052	0.16	0.002	0.099	—	0.11	0.44	0.087	0.008
10	扁平鈕2	中型	70.41	18.03	6.11	0.38	0.11	0.13	—	0.028	—	0.10	0.40	0.086	0.005
20	扁平鈕2	中型	73.63	18.77	5.76	0.38	0.058	0.13	—	0.048	—	0.10	0.39	0.091	0.003
26	扁平鈕2	中型	73.86	14.74	7.58	0.55	0.071	0.11	—	0.070	0.001	0.098	0.35	0.070	0.006
29	扁平鈕2	中型	71.72	19.62	5.66	0.37	0.049	0.11	—	0.070	—	0.094	0.34	0.078	0.005
18	突線鈕1	中型	79.53	10.38	7.12	0.35	0.048	0.16	0.001	0.047	—	0.12	0.41	0.064	0.008
23	突線鈕1	中型	70.65	15.95	11.27	0.33	0.049	0.12	—	0.021	—	0.11	0.35	0.075	0.005
35	突線鈕1	中型	75.09	15.53	7.24	0.36	0.049	0.11	—	0.018	—	0.088	0.32	0.060	0.005

「—」となっている部分は，濃度が 0.001% 以下であることを示している．

(2) 主要三元素の傾向

まず青銅祭器を構成する主要三元素, 銅・スズ・鉛についてみていこう. 図2.3は3元素の濃度を三角ダイヤグラムに落とし込んだものである. 表2.2をみると明らかだが, 3元素の濃度を単純に合計しても100%にはならないため, ここでは3元素の和を100%に換算して各元素の含まれる割合を割り出した.

ここで注目されるのは, 銅とスズの濃度である. 39個の銅鐸は型式ごとに両者の濃度が異なり, 銅が80%以上含まれる外縁付鈕2式・扁平鈕1式銅鐸と, それ未満に収まる外縁付鈕1式・扁平鈕2式・突線鈕1式銅鐸の2グループに大別される. また両グループの差異は, 銅だけではなくスズの濃度とも連動している. つまり, 銅とスズのうち一方が増えれば一方が減るという負の相関関係にある. 鉛の割合は6〜11%と比較的安定しており, 型式ごとに顕著な差異はみられない. このように, 銅鐸に含まれる主要三元素, 特に銅とスズの割合は, 銅鐸型式ごとに, 言い換えれば製作時期の変化とともに変化しているのが特徴である. 銅鐸は, 一般に新しい形式ほど銅の濃度が高く, スズの濃度が低い傾向にあることが知られている. しかし加茂岩倉銅鐸群の場合は, 扁平鈕2式6個と突線鈕1式3個がいずれもスズを10%以上含んでおり, 一般的な銅鐸の傾向とは異なっている. 既に述べたように, 青銅の色調はスズ濃度が上がると赤みが抜け, 白銀色に近くなっていくから, これらの銅鐸は総じて白みのある黄金色だったと考えられる.

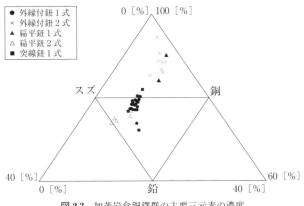

図2.3 加茂岩倉銅鐸群の主要三元素の濃度

(3) 微量元素の意味

青銅祭器にはヒ素やアンチモン，コバルト，ビスマスなどがごく少量含まれていることが知られている．特にヒ素やアンチモンは，溶銅の流動性を高めたり融点を下げることができるため，近代的な鋳造工程においては意図的に添加されることがある．こうした実情を考慮し，青銅祭器の鋳造においてもヒ素やアンチモンを意図的に添加したとする意見が根強くある（久野，1995 ほか）．しかし，青銅祭器に含まれるヒ素やアンチモンはごくわずかであり，添加したとしても意図した効果を十分に得られたとは考えにくい．

難波洋三は，主要三元素と微量元素の相関関係に注目し，銅の濃度が低くスズの濃度が高い外縁付鈕1式銅鐸ではヒ素とアンチモンの濃度も低く，銅の濃度が高くスズの濃度が低い外縁付鈕2式銅鐸ではヒ素とアンチモンの濃度が高いことを見いだした．また，荒神谷遺跡出土銅剣（中細形c類）の場合も，銅の濃度が高いものほどヒ素とアンチモンの濃度が高い傾向にあることを指摘している（難波，2009，2012）．つまり，青銅祭器に含まれるヒ素とアンチモンの濃度は銅の濃度と正の相関関係にあり，意図的な添加物ではなく銅の不純物として含まれていたのではないか，というのである．

この指摘の影響は，ヒ素とアンチモンが意図的に添加されたものではない，という点にとどまらない．実は青銅祭器製作に用いられた材料の出自に関わる重要な指摘なのである．青銅祭器に用いられる主要三元素のうち，その産地が特定できるものは鉛だけで，銅の産地は判然としないままであった．それゆえ，銅も鉛とともに朝鮮半島や中国華北地域から輸入されたとする説と，日本列島産の自然銅を用いたという説が対立してきた．久野らによれば，自然銅は日本列島各地の路頭で採取でき，不純物をほとんど含まないため精錬の必要がなく，青銅祭器の製作に用いられた可能性が高いという．しかし，自然銅にはヒ素とアンチモンも含まれないから，そのままでは青銅祭器の成分と矛盾してしまう．自然銅を用いたのであれば，両者は意図的に添加したものと考えざるを得ないのである．したがって，難波が指摘するように，もともと不純物としてヒ素とアンチモンを含む銅が用いられたのであれば，それは日本列島産の自然銅ではなく，輸入されたものだということになる．

(4) 加茂岩倉銅鐸群の微量元素

それでは加茂岩倉銅鐸の分析結果をもとに，具体的にみてみよう．図 2.4 は外縁付鈕 1 式銅鐸 19 個と外縁付鈕 2 式銅鐸 9 個の銅とヒ素，アンチモンの濃度を示している．銅の濃度が高い銅鐸ではヒ素とアンチモンの濃度も高く，正の相関関係にあることがわかる．この結果をみる限り，ヒ素とアンチモンは難波の指摘するように銅の不純物と考えてよさそうである．

ただし，少し気になる点もある．すでに述べたように，加茂岩倉銅鐸群の銅鐸に含まれる銅の濃度は，外縁付鈕 2 式・扁平鈕 1 式銅鐸でいったん増加した後，扁平鈕 2 式・突線鈕 1 式銅鐸になると減少する傾向があるので，それに伴ってヒ素・アンチモンの濃度も減少するはずである．図 2.5 は，外縁付鈕 2 式・扁平鈕 1 式と扁平鈕 2 式・突線鈕 1 式銅鐸の銅とヒ素の濃度を示したものである．確かに銅とヒ素の濃度が正の相関関係にあるようにみえるが，外縁付鈕 2 式の中にもヒ素濃度が低めの個体があり，逆に扁平鈕 2 式・突線鈕 1 式の中にもヒ素が高めの個体が存在する．同様にアンチモンについても，イレギュラーな値を示す個体があり，はっきりした傾向は見いだしがたい．どうやら加茂岩倉銅鐸群のみを対象にした場合は，両者の関係を明確にすることは難しそうである．

では逆に，加茂岩倉銅鐸群の分析結果自体からみえてくるものはないだろうか．図 2.6 はスズとビスマスの濃度を示している．図の中央下部，スズ濃度が 10 から 15 % 付近にまとまっているのは外縁付鈕 1 式で，これらはビスマス濃度が一律に低いことがわかる．注目したいのは，外縁付鈕 2 式から突線鈕 1 式の分布である．

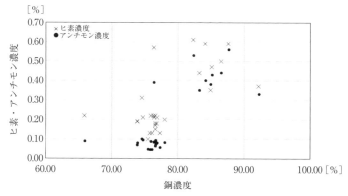

図 2.4　加茂岩倉銅鐸群の銅と微量元素の関係

2.2 加茂岩倉銅鐸群の成分分析

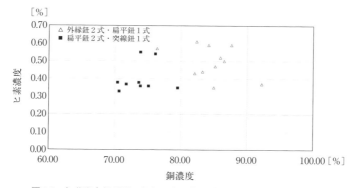

図 2.5 加茂岩倉銅鐸群の銅とヒ素の濃度（外縁付紐2式以降の銅鐸）

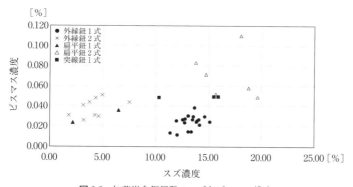

図 2.6 加茂岩倉銅鐸群のスズとビスマス濃度

明らかに右肩上がりの分布を示し，スズ濃度が上がるにつれビスマス濃度も上がる正の相関関係にあることがわかる．実はコバルトも外縁付紐1式では濃度が低く，外縁付紐2式から突線鈕1式ではスズ濃度が上がるにつれ濃度も上がる正の相関関係にある．したがって，微量元素のうちビスマスとコバルトの濃度は外縁付紐1式とそれ以降の銅鐸で傾向が異なっており，外縁付紐2式以降の銅鐸ではスズ濃度と正の相関関係にあることがわかる．こうした状況から，ビスマスとコバルトはスズにもともと含まれた不純物である可能性が指摘できよう．

(5) 加茂岩倉銅鐸群の成分

ここで加茂岩倉銅鐸群の成分分析結果についてまとめておこう．まず主要三元

素については，銅とスズの濃度が銅鐸型式（製作時期）と連動して変化すること
がわかった．ただし加茂岩倉銅鐸群の扁平鈕2式・突線鈕1式銅鐸は，一般に知
られている同型式の銅鐸よりもスズ濃度が高い傾向がある．入手側が白みの強い
色調を好んだのか，製作・配布側の都合でスズ濃度の高いものがそろったのかわ
からないが，加茂岩倉銅鐸群の大きな特徴といえる．

また微量元素の傾向から，ヒ素とアンチモン，コバルトとビスマスが意図的に
添加されたものではなく，それぞれ銅やスズにもともと含まれた不純物である可
能性が高いことがわかった．もっとも，加茂岩倉銅鐸群の中には微量元素の濃度
がイレギュラーな個体もいくつかあり，より多くの銅鐸の分析結果も含めて総合
的に判断する必要があると考えられる．こうした状況から銅鐸の製作に日本列島
産の自然銅が広く使われていた可能性は低くなったが，銅の具体的な産地が特定
されたわけではなく，今後の課題といえる．そもそも当時の材料供給体制がまっ
たくわかっていないため，既製品を素材として鋳つぶしていたのか，青銅素材と
もいうべき合金がインゴットとして流通していたのか，あるいは銅・スズ・鉛が
それぞれ単独の金属素材として流通していたのかも明確でない．

ところで，微量元素のうちビスマス，コバルトの濃度に注目すると，スズの濃
度に正の相関関係をとる外縁付鈕2式以降の銅鐸と異なり，外縁付鈕1式銅鐸は
両者の濃度が一律に低いことがわかった．このことから，使用された青銅素材が
両型式の間に大きく変化したのではないか，と想定することができる．この点に
ついては，次節で説明する鉛同位体比と青銅材料産地の変化と絡んでくる問題で
ある．

2.3　加茂岩倉銅鐸群の鉛同位体比分析

馬淵久夫と平尾良光らによる鉛同位体比分析によって，弥生時代以降に列島で
使用された青銅は，大きく四つのグループに区分できることが知られている．鉛
同位体比を示すa式図とb式図をみると，銅鐸の鉛同位体比は中国華北産の鉛を
含むA領域に収まるグループと，朝鮮半島産鉛を含むD領域に収まるグループ
に大別される（図2.7）．銅鐸型式ごとにみると，最古段階の菱環鈕式から外縁付
鈕1式までがD領域に含まれ，外縁付鈕1式の途中から扁平鈕式，突線鈕式に至

2.3 加茂岩倉銅鐸群の鉛同位体比分析

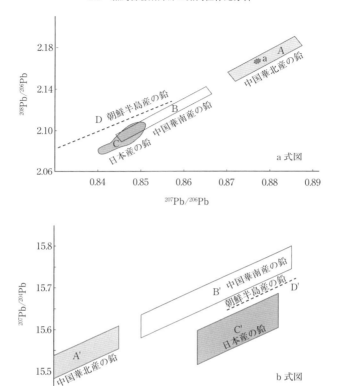

図 2.7 鉛同位体比模式図（平尾，1999）

るより新しい銅鐸では A 領域に含まれることが知られている．また，最新式の突線鈕式銅鐸では，中国華北産の鉛の中でもごく限られた領域（a 領域）に収まる画一的なものが用いられていることがわかっている．

　これらの事象は，青銅に含まれる鉛が日本列島産ではなく，輸入されたものであること，その産地が時代を経て朝鮮半島から中国華北地方へと変化したことを示すと考えられる．

(1) 加茂岩倉銅鐸群の鉛同位体比

では，加茂岩倉銅鐸群の鉛同位体比についてみていこう．図 2.8 は，39 個の銅鐸の鉛同位体比について，a 式図と b 式図にプロットしたものである．これをみると，外縁付鈕 1 式銅鐸 19 個はすべて朝鮮半島産鉛の D（D′）領域に位置し，外縁付鈕 2 式以降の銅鐸 20 個はすべて中国華北地方産鉛の A（A′）領域に収まっている．銅鐸の鉛同位体比は最古段階の菱環鈕式から外縁付鈕 1 式までが D 領域に，外縁付鈕 1 式の途中から突線鈕式にあたる新しい銅鐸では A 領域に含まれることが知られている．したがって，加茂岩倉銅鐸群の鉛同位体比と型式の関係も，これまでの分析結果と一つの紛れもなく完全に整合することがわかる．

注目しておきたいのは，多彩な文様や形態の銅鐸が 39 個も集まっている加茂岩倉銅鐸群にあっても，鉛同位体比に乱れがまったくないことである．近年の研究

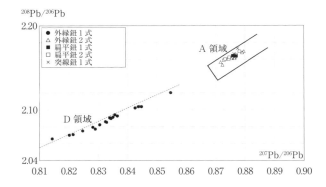

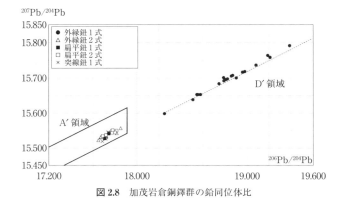

図 2.8　加茂岩倉銅鐸群の鉛同位体比

では，銅鐸を製作した工房の系列はいくつも並行して存在しており，それぞれがプロポーションや文様構成にオリジナリティを持った銅鐸を生産していたと考えられている．時代を経る中で，工房系列のあるものは分岐し，別のものは衰退し，多様な銅鐸が作られるようになっていく．加茂岩倉銅鐸群の中にも，そうした工房系列の消長の中で作られたと考えられる，少々イレギュラーな銅鐸が存在する．興味深いのは，これらの銅鐸も含め鉛同位体比の乱れがまったくないことである．

(2) 特殊な出自を持つ銅鐸の鉛同位体比

加茂岩倉銅鐸群のうち，外縁付鈕1式の銅鐸19個の文様はすべて4区袈裟襷文である．しかし細かくみていくと類似例の少ない個性的な文様を持つものがいくつかある．12号鐸の図面をみて，何か違和感はないだろうか（図2.9）．12号鐸は，銅鐸の一番外側，鰭から鈕の外縁部に回る鋸歯文がすべて外を向いている（外向鋸歯文）のである．銅鐸の外縁を飾る鋸歯文は，内側を向く（内向鋸歯文）のが基本的なルールで，外向鋸歯文を持つ銅鐸は少ない．その鋸歯文も，よくみると斜線で埋めたものもあれば，山形を重ねたもの，隣接するものがぎざぎざに連続するものなど，統一感のない文様になってしまっている．また鐸身の袈裟襷文に注目してみると，縦帯が裾側に突き抜けている点に特徴がある．銅鐸の袈裟襷文は，縦帯を切って横帯が描かれる「横帯優先」が原則なので，縦帯を優先する

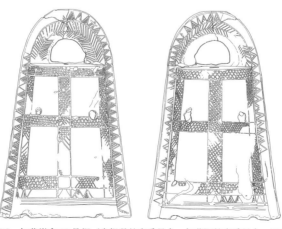

図 2.9 加茂岩倉12号鐸（島根県教育委員会，加茂町教育委員会，2002）

銅鐸は少なく，裾側に突き抜けた例となると数えるほどしか知られていない．ようするに「銅鐸らしくない」文様の銅鐸なのである．

「らしくない」といえば，36号鐸の文様も変わっている（図2.10）．袈裟襷文を構成する文様帯のうち，中程を区切る横帯のみ，なぜか二段重ねになっている．しかも二段重ねの横帯は，銅鐸の片面だけに存在していて，表裏が一致しない．側面からみると，間違えて別の銅鐸用の鋳型を組み合わせたのではないか，とさえ思えるほどに，文様の位置も内容もまったく一致していないことがわかる．話題を二段横帯に戻そう．二段のうち上段は一般的な斜格子文の帯だが，下段は四角形の区画とXを組み合わせた文様が連続して配置され，上下の三角形のみを斜線で埋めて，鋸歯文が向かい合う（対向鋸歯文）ようにしている．対向鋸歯文は鈕にも描かれており，製作者はある種のこだわりを持ってこの文様を選択したと考えられるが，銅鐸の文様としては相当な異端児である．

このように，12号鐸や36号鐸はおよそ「らしくない」文様を持っており，製作地や工人などが他の銅鐸と異なる，出自の特殊な銅鐸である可能性が高い．しかし，すでに述べたように，これらの銅鐸の鉛同位体比は何ら特異な点がなく，他の外縁付鈕1式銅鐸と同じD領域に位置しているのである．

図 2.10　加茂岩倉36号鐸（島根県教育委員会，加茂町教育委員会，2002）

(3) 流水文銅鐸と袈裟襷文銅鐸の鉛同位体比

次に，外縁付鈕 2 式の銅鐸をみてみよう．加茂岩倉銅鐸群の外縁付鈕 2 式銅鐸はいずれも 45 cm クラスで，流水文銅鐸 7 個と袈裟襷文銅鐸 2 個からなる．このサイズの銅鐸は「横型流水文正統派」と呼ばれる大阪の河内地域で作られた銅鐸が多く，加茂岩倉銅鐸群でも必然的に横型流水文銅鐸が多数を占めている．一方，数少ない袈裟襷文を持つ 13 号鐸と 37 号鐸はどうだろう．2 個ともあまり残存状態がよくないので文様がわかりづらいが，たとえば 13 号鐸は袈裟襷の枠線（界線）が 3 重線で表現されているのが目立つ（図 2.11）．37 号鐸は表裏でまったく文様構成が異なっており，片面は連続する渦巻き文が幾つも描かれているのに対し，反対面には渦巻き文が一つもなく，代わりに文様帯が網代文で満たされている（図 2.12）．このような独自の文様を持つ銅鐸は，多少とも異色な出自を持つ可能性が高い．少なくとも横型流水文正統派の銅鐸が作られた河内地域とは別の製作地で作られたに違いない．ところが，両者の鉛同位体比を比較すると，いずれも A 領域にあって大きな違いはないのである．

(4) 出雲産の可能性がある銅鐸の鉛同位体比

もう一つ例をあげておこう．突線鈕 1 式（厳密には扁平鈕 2 式と突線鈕 1 式の

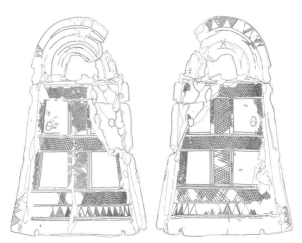

図 2.11 加茂岩倉 13 号鐸（島根県教育委員会，加茂町教育委員会，2002）

特徴を併せ持つ）銅鐸の3個は，シカや四足獣，トンボなどの意匠が共通する銅鐸である（図2.13）．これらの銅鐸のルーツは，奈良盆地南部などで製作された櫟本型（いちのもと）と呼ばれる端正な袈裟襷文銅鐸と考えられている．しかし文様帯を埋める格子目が裾に近づくほど大きくなる点や，横帯優先になっていないことなど独自性が目立ち，他に類似例のない銅鐸群である．銅鐸鋳造に使われた炉や鋳型などの出土例が皆無ではあるが，出雲で製作されたのではないか，とも考えられてい

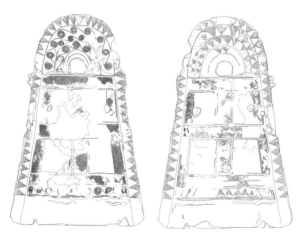

図 2.12　加茂岩倉 37 号鐸（島根県教育委員会，加茂町教育委員会，2002）

18 号鐸　　　　　　　　23 号鐸　　　　　　　　35 号鐸

図 2.13　加茂岩倉 18・23・35 号鐸（島根県教育委員会，加茂町教育委員会，2002）

る．少々手前味噌な気もするが，これだけの数がそろう以上，需要をまかなうために新たに銅鐸を鋳造したとしてもおかしくはないだろう．これら3個の鉛同位体比をみると，いずれもA領域にあって，銅鐸生産の本場である近畿各地で作られた銅鐸と同じ値をとる．成分に関しては何ら独自性が見て取れないのである．

(5) 銅鐸型式と鉛同位体比

このように，加茂岩倉銅鐸群の中には少々イレギュラーな銅鐸が存在するものの，これらの鉛同位体比は特異な値をとらず，型式ごとに整然とまとまっていることがわかった．当時の材料流通体制は，供給元や流通経路が入り組むような複雑なものではなく，比較的シンプルなものだった可能性が高い．

また，これまでに鉛同位体比が判明している他の銅鐸においても，外縁付鈕1式銅鐸までは基本的にD領域を占め，外縁付鈕1式の一部を含む外縁付鈕2式銅鐸以降はA領域に位置する結果が出ている．つまり，銅鐸の製作に使用された青銅は，外縁付鈕1式と2式銅鐸の間で，朝鮮半島産鉛を含むものから中国華北産鉛を含むものに転換したということになる．そしてこの変化は，局所的な事象ではなく，日本列島各地の銅鐸生産・流通体制に一様に大きな影響を与えたと考えられる．残念ながらこの変化が起きた要因や，具体的なプロセスはわからないが，既存の青銅祭器生産・流通体制を揺るがすインパクトであったことは容易に想像できるだろう．

2.4 同笵銅鐸と鉛同位体比

次に加茂岩倉銅鐸群に数多くある同笵銅鐸と，鉛同位体比について取り上げたい．銅鐸の鋳造においては，同じ鋳型を繰り返し用いて，同形同大の銅鐸を複数製作することが盛んに行なわれていた．こうして作られた，同じ鋳型を用いた銅鐸を同笵銅鐸と呼ぶ．同笵銅鐸は大きさから文様までそっくりであることから，兄弟銅鐸とも呼ばれる．同笵銅鐸は，2016（平成28）年に加茂岩倉27号鐸と松帆3号鐸，荒神谷6号鐸と松帆5号鐸が同笵であることが判明するなど，徐々にその数を増やしている（口絵8参照）．

同笵銅鐸は，銅鐸の製作工程を検討するうえで多くの情報をもたらしてくれる

重要な存在である。鉛同位体比の話に進む前に、同笵銅鐸と銅鐸の製作（鋳造）についておさらいしておこう。

(1) 銅鐸の鋳造と鋳型

銅鐸は溶かした青銅を鋳型に流し込んで作られた鋳物である。銅鐸の鋳造には銅鐸の形に彫り込まれた表裏2面の鋳型と、内側を中空にするための中子と呼ばれる鋳型の計三つの鋳型を必要とする。銅鐸の鋳造に用いられた鋳型には、石製鋳型と土製鋳型があったことが知られており、当初はほぼ例外なく石製鋳型が用いられていたようだが、やがて土製鋳型へと転換していった。この鋳型素材の転換は扁平鈕式の段階で急速に進み、石製鋳型で製作されたものを扁平鈕1式銅鐸、土製鋳型を用いたものを扁平鈕2式銅鐸として区別している。

同笵銅鐸は、多くが石製鋳型を用いた扁平鈕1式以前の銅鐸である。石製鋳型は製作に適した石材が限られること、鋳型製作に時間を要すこと、土製鋳型よりも耐久性があることなどから、複数の銅鐸を鋳造する傾向が強い。一方、現在把握されている土製鋳型で作られた同笵銅鐸は、加茂岩倉1・26号鐸を含む2組4個しか判明していない。土製鋳型は耐久性に欠け、修理を繰り返して再利用するよりも、新たに一から作り直した方がメリットが大きかったと考えられる。土製鋳型を用いた同笵銅鐸同士を比較してみると、鰭の形状や文様がかなりの部分で食い違っており、たとえば加茂岩倉1号鐸と26号鐸では、形状や大きさはほぼ同じだが、文様が一致しない部分が多くあることがわかる（図2.14、口絵9）。おそらく26号鐸を鋳造した後、鋳型の破損部分を補修し、文様を掘り直すなど、かなりの手間を掛けてから、1号銅鐸を鋳造したのだろう。

(2) 同笵銅鐸の製作順序

同笵銅鐸は同じ鋳型を使い回して鋳造されるため、基本的には同形同大である。全体のプロポーションや、文様に大きな違いはない。しかし鋳造を重ねるたびに鋳型の損傷が増え、それを用いて鋳造された銅鐸にも傷（笵傷）が写し取られていく。それゆえ、同笵銅鐸同士で笵傷の大きさや数を比較すれば、鋳造された順番を把握することができる。たとえば、太田黒田鐸、加茂岩倉4号鐸などを含む5個一組の同笵銅鐸を、笵傷が小さく数が少ない順に並べてみると、加茂岩倉22

2.4 同笵銅鐸と鉛同位体比　　　　　　　　63

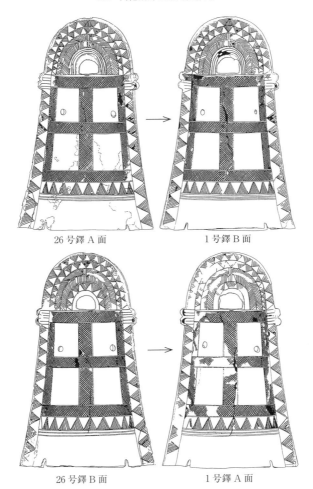

26 号鐸 A 面　　　　　　　1 号鐸 B 面

26 号鐸 B 面　　　　　　　1 号鐸 A 面

図 2.14　加茂岩倉 1・26 号鐸の比較（島根県教育委員会，加茂町教育委員会，2002）

号鐸→加茂岩倉 19 号鐸→太田黒田鐸→加茂岩倉 4 号鐸→加茂岩倉 7 号鐸となり，この順番で次々に鋳造されたことが想定できる（図 2.15）．ちなみに，加茂岩 22 号鐸にはすでいくつかの笵傷が写し取られており，これに先駆けて鋳造された銅鐸が少なくとも一つは存在したらしい．もちろん加茂岩倉 7 号鐸の後に鋳造された未知の銅鐸がある可能性もある．そうなると，一組の鋳型から 6 個以上の銅鐸

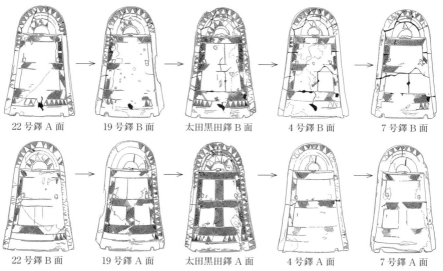

図 2.15 同笵銅鐸の鋳造順序（島根県教育委員会，加茂町教育委員会，2002）

が鋳造されたことになる．この数が多いのか，少ないのか判断が難しいが，加茂岩倉 4 号鐸や 7 号鐸は大きな笵傷がいくつも鐸身を横断し，文様も曖昧模糊としていて，さすがに仕上がりが悪い．一組の鋳型から作られる銅鐸の数は，せいぜい数個程度だったと考えられる．

(3) 同笵銅鐸の認定

ところで，本来瓜二つであるはずの同笵銅鐸も実際に比較してみるとすべてがぴったり一致することはない．再利用される鋳型は表裏 2 面一組の外型だけで，中子は銅鐸ごとに新規に作成されるため，できあがる銅鐸の厚さや型持穴の位置，その形状など，中子に由来する部分はそれぞれ異なる．また鋳造時に高温にさらされる鋳型は破損が起こりやすく，こうした破損部を補修した場合には，同笵銅鐸であっても文様や造作が微妙に異なる銅鐸ができあがる．そんなわけで，銅鐸の同笵関係は各部分の計測値や文様の特徴，笵傷の位置や大きさなどを総合的に検討したうえで判断される．先般明らかになった加茂岩倉 27 号鐸と松帆 3 号鐸，荒神谷 6 号鐸と松帆 5 号鐸の同笵関係も，両者の文様や笵傷を一つひとつ目視で

確認し，計測し，照らし合わせるという根気のいる仕事の結果判明したのである．さて，このきわめてアナログな同笵認定法は，とても効率的なものとはいえない．さまざまな条件が整わない限り，実際に二つの銅鐸を横に並べて見比べる機会はなかなか得がたい．そこで図面や写真などを見比べることになるが，詳細を確認するには限界がある．そこで近年は銅鐸の3Dデータを取得し，画面上で銅鐸同士を重ね合わせる試みが進められている．島根県立古代出雲歴史博物館と奈良県立橿原考古学研究所が共同で行なってきた加茂岩倉銅鐸群の3D計測は，その試金石として注目される．3Dデータを用いた同笵認定は，すでに銅鏡の分野では広く行なわれており，多くの成果が上がっている．銅鐸はより立体的で，難易度は格段に上がるが，徐々にその実力を発揮しつつある（口絵9参照）．銅鐸の3Dデータが揃ってくれば，新たな同笵関係が明らかになったり，鋳造順序の再確認や補修された部位の把握など，さまざまな面で応用が期待できるだろう．

（4）同笵銅鐸から何がわかるのか

さて，こうした特徴を持つ同笵銅鐸は，銅鐸の鋳造方法や製作体制を考えるうえで多くの情報をもたらしてくれる．なぜならこれら銅鐸は，同一工房で比較的短期間のうちに製作された可能性がきわめて高いからである．

まず，同笵銅鐸は同じ鋳型を使い回していることから，同一工房で鋳造された可能性が高いことが指摘できる．もちろん工人が鋳型を帯同して移動したり，鋳型だけが別の工房へ運ばれた可能性もゼロではない．しかし石製鋳型は非常に重く，有名な東奈良遺跡（大阪府高槻市）出土品は片面の鋳型だけで40kgを超える．表裏2面一組で80kg以上もあるから，容易く持ち歩けるものではないだろう．したがって同笵銅鐸の製作地は，基本的に同じ工房と考えてよいだろう．また，鋳造に関わった工人もおそらく同じ人々，同じグループである可能性が高い．

また，鋳型に溶かした青銅を流し込んで（鋳込み）から銅鐸を取り出す（脱型）までせいぜい数十分から数時間に過ぎないので，鋳型を補修する時間や中子を作り直す時間を考慮したとしても，同笵銅鐸は比較的短期間に連続して鋳込まれた可能性が高いといえる．すでに述べたように，一組の鋳型から製作できる銅鐸は数個が限界で，何十個も製作できるわけではない．つまり同じ鋳型を何年も何十年も使い回し続けることはないと考えられる．こうした観点から，同笵銅鐸はご

く短期間に次々と鋳造されたと想定できる．そう，同笵銅鐸は数多くある銅鐸の中でも製作地，製作時期がピンポイントにまとまった，非常に近しい銅鐸群なのである．

(5) 同笵銅鐸の鉛同位体比

同笵銅鐸が製作地，製作時期とも非常に近しい銅鐸の一群であることはわかった．では同笵銅鐸の鉛同位体比を比べてみよう．

図2.16には加茂岩倉銅鐸群のうち同笵関係が判明している銅鐸の鉛同位体比を示した．また，これらと同笵関係にある銅鐸のうち，鉛同位体比がすでに判明している気比2号鐸，気比4号鐸，川島神後鐸，辰馬419号鐸もあわせてプロットしてある．先年同笵関係が判明した松帆銅鐸は，現時点で鉛同位体比が公表されていないので，比較対象から外した．

まず，図の中で同じマーク同士の分布状況に注目してほしい．同笵関係にある銅鐸の鉛同位体比は必ずしも近似値にまとまらず，特定の分布を形成する様子もないのである．この状況は加茂岩倉銅鐸群以外の同笵銅鐸でもみられ，たとえば桜ヶ丘1号鐸，新庄鐸，泊鐸という同笵銅鐸の組合せでは，桜ヶ丘1号鐸と新庄銅鐸の鉛同位体比が比較的近似するのに対し，泊銅鐸はまったく異なる値をとることがわかっている（神戸市立博物館，2000）．同笵銅鐸は，同じ製作地で短期間に作られた非常に近しい銅鐸であるが，鉛同位体比は思いの外まとまっていないのである．

この要因としては，①流通している材料のロット（単位）が比較的小さく，鉛同位体比もある程度ばらつきがあった，②失敗作などを潰したり，鋳込みの際に余った青銅を混ぜたことにより性質がばらついた，などの可能性が考えられる．しかし，こうした鉛同位体比のばらつきをみると，完璧に均質で規格化された青銅素材がまとまって輸入され，流通していたとは考えにくい．鉛の産地が中国華北地方，朝鮮半島といった大きな枠組みを逸脱することはないものの，当時の日本列島では微妙に異なった鉛同位体比を持つ青銅素材が流通していたようだ．こうした傾向は，他遺跡から出土した同笵銅鐸の鉛同位体比からも裏づけられている．そして，突線鈕式以降の新しい銅鐸が作られるようになると，鉛同位体比はa領域と呼ばれる限られた範囲に徐々に集約する．この時期になって初めて，均

2.4 同笵銅鐸と鉛同位体比

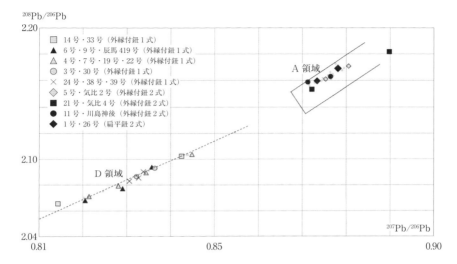

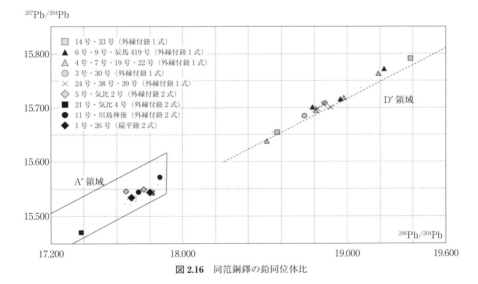

図 2.16 同笵銅鐸の鉛同位体比

質で規格化された青銅素材が流通するようになったと考えられる.

2.5 銅鐸の鋳造工程と鉛同位体比

(1) 鋳掛け

　銅鐸は，鋳型を組み合わせてできたわずか数 mm の隙間に青銅を流し込んだ鋳物である．鋳込みの良し悪しは，流し込む青銅の成分比や温度，鋳型の温度などの諸条件によって異なるが，青銅が意図したように流れずに穴があいたり，一部が欠けたりといった失敗が発生することがよくある．銅鐸の中には，こうした鋳造時に欠落した部分に，再度青銅を流し込んで埋める，「鋳掛け」が行なわれたものがある．多少の失敗は挽回できる裏技といったところだろう．

　鋳掛けのある銅鐸を観察してみると，銅鐸本体と鋳掛け部で明らかに色調が異なることがある．たとえば加茂岩倉 37 号鐸では，鋳掛け部が暗緑色の斑点となってはっきり区別できるほど，錆び色が違う（口絵 10 参照）．一方，肉眼ではほとんど見分けがつかないにもかかわらず，X 線透過写真を撮影すると，濃淡がくっきりと浮かび上がり，鋳掛けの存在が判明する場合がある（口絵 11 参照）．

　鋳掛けは菱環鈕式などの初期の銅鐸では行なわれておらず，主として外縁付鈕2式以降の銅鐸で用いられるようになったとされている．加茂岩倉銅鐸群においては，外縁付鈕1式の小型銅鐸では 19 個のうち 4 個にのみ，鋳掛けがなされている．径2cm を超えるような大穴があいているものであっても，そのまま完成品として扱われている場合があり，鋳掛けという作業が必ずしも一般的でなかったことがうかがわれる．一方，外縁付鈕2式以降の銅鐸では，多くで鋳掛けが行なわれており，たとえば34号鐸では大小合わせて実に 17 か所の鋳掛けを行なっている．

　ところで，鋳上がった銅鐸に欠陥がみつかったからといって，すぐに鋳掛け作業ができるわけではない．作業工程を辿ってみよう．まず鋳型から銅鐸を取り外す．外型は比較的容易に外すことができるが，問題は中子（内型）である．多くの場合，鋳掛けは銅鐸の内側から青銅を流して行なわれており，いったん中子を除去しなければ作業ができない．加茂岩倉銅鐸群においても内側から青銅を流したものが主体であり，中子を取り除いてから行なったことが明らかである．土で作られた中子をすべてかき出したら，欠落部の外側に粘土などを押しつけて「当

て具」とし，ようやく鋳掛け準備が整う．この際，外型にもう一度銅鐸を填め込んで鋳掛けを行なう場合もあったようだが，いずれにせよ相応の下準備が必要であり，すぐさまできるものではない点は理解しておく必要がある．

（2）鋳掛け部の鉛同位体比と鋳造工程

加茂岩倉銅鐸群では 31 号鐸と 34 号鐸，35 号鐸の鋳掛け部からサンプルを採取し，鉛同位体比を測定した（図 2.17）．

35 号鐸は，銅鐸本体と鋳掛け部の鉛同位体比がほぼ同じ値を示す．35 号鐸は，使用される青銅の鉛同位体比が a 領域に集約される突線鈕 1 式であり，想定通りの結果である．

次に 31 号鐸と 34 号鐸をみてみよう．31 号鐸と 34 号鐸は，32 号鐸や桜ヶ丘 3 号鐸，上屋敷鐸と同笵関係にあることが知られており，図 2.17 にはこれらの鉛同位体比も合わせてプロットしている（上屋敷鐸はデータなし）．各銅鐸は笵傷などの様子から，31 号鐸→ 32 号鐸→ 34 号鐸→（上屋敷鐸）→桜ヶ丘 3 号鐸の順で鋳造されたことが判明しているが，鉛同位体比の値はかなりばらついており，特に桜ヶ丘 3 号鐸は大きく外れていることがわかる．

注目されるのは，34 号鐸の鉛同位体比が本体と鋳掛け部で異なるのに対し，31 号鐸は本体と鋳掛け部がほぼ一致する点である．

34 号鐸の鋳掛け部は，主要三元素（銅・スズ・鉛）の濃度がおのおの 2% 程度，本体と異なっており，一見してはっきりわかるほど色調も異なっている．この鋳掛けは，銅鐸内側から青銅を流し込んだ跡が残っており，いったん中子を除去した後，外側に当て具をして行なわれている．また 34 号鐸の鋳掛けは 17 か所もあり，その手法上表裏に存在するすべてを一度に行なうことは不可能なので，相応の手間を要したことは想像に難くない．こうした準備時間を考えれば，本体鋳造に用いた青銅の余りではなく，新たに別の青銅を溶かして使用したとみるのが妥当であろう．

一方で 31 号鐸は，鋳掛け部と本体の値がほぼ一致する．また主要三元素をはじめとする成分組成もほぼ一致しており，使用された青銅の性質はきわめて近いものと考えられる（表 2.3）．より積極的に評価するならば，31 号鐸を鋳造した後，鋳掛けには余った青銅を使い回したと考えることができるであろう．この銅鐸も

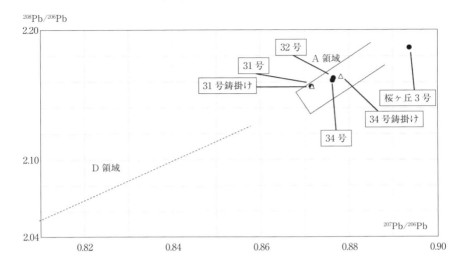

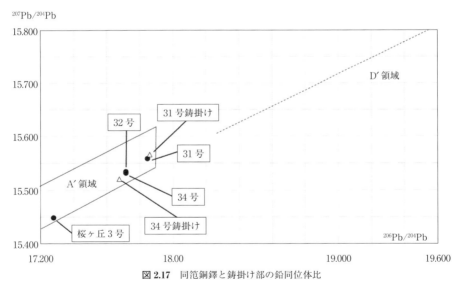

図 2.17 同笵銅鐸と鋳掛け部の鉛同位体比

鋳掛けは内側から行なわれており，中子を除去するなどの事前準備が必要であることを考えると，他人の空似である可能性は否定できない．だが，同一工房で，おそらく同じ工人たちの手によって，鋳込みと鋳掛けが行なわれたことは間違い

2.5 銅鐸の鋳造工程と鉛同位体比

表 2.3 銅鐸本体と鋳掛け部の成分（数値は%）

	Cu	Sn	Pb	As	Bi	Ag	Sb
31 号本体	82.35	4.64	8.64	0.61	0.03	0.14	0.53
31 号鋳掛け	83.49	4.49	8.16	0.58	0.031	0.14	0.52
34 号本体	84.17	4.97	8.69	0.59	0.051	0.14	0.4
32 号本体	85.14	4.26	6.45	0.47	0.031	0.14	0.43
34 号鋳掛け	85.85	3.06	7.85	0.54	0.038	0.16	0.45

ないから，再利用の蓋然性は高いのではなかろうか．

さて，図 2.17 をみると 34 号鐸は 32 号鐸と鉛同位体比がほぼ一致することがわかる．鋳造順序からいえば，32 号鐸が鋳造された後，同じ溶銅を用いて 34 号鐸を鋳込んだ可能性が浮上してくる．両銅鐸の鋳造工程を考えてみよう．32 号鐸は比較的鋳上がりのよい銅鐸で，鋳掛けの数も 5 か所と少ない．これらの鋳掛けは銅鐸の内側から青銅を流しており，鋳掛けの前には中子を除去する作業が必要である．鋳掛け部は文様のない平滑面であり，外型に填め直す方法ではなく，新たに無文の当て具を作って行なわれている．残念なことに 32 号鐸の鋳掛け部は鉛同位体比分析を行なっていないので，どんな青銅を用いたのかはわからないが，外型に填めていない以上，鋳掛けのタイミングは 34 号鐸の鋳造タイミングと直接の関係はない．32 号鐸の鋳造後，どの時点で鋳掛けを行なってもよいわけである．たとえば 34 号鐸の鋳造を行ないながら，残った溶銅で鋳掛けを行なうことも可能である．

続いて 34 号鐸の鋳造準備に入る．しかし，次の銅鐸を鋳造するために必要な所作は意外に多い．鋳型を補修し，該当部分を乾燥させる時間や，鋳型の組み立て（中子は事前に複数個製作しておくことが可能であり，この時点で新たに製作する必要はない）には相応の時間が必要である．また，青銅をより確実に行き渡らせるために鋳型を予熱したり，鋳型を土中に埋設する（鋳込みに際しては，鋳型に大きな圧力がかかる．これを抑え込む最善かつ簡単な方法は，鋳型を土中に埋め，周囲を突き固めることである）といった作業を行なうならば，さらに時間が必要である．具体的な所要時間は不明だが，数時間あるいは日を跨ぐ作業になったかもしれない．そうなれば，32 号鐸の鋳造に用いた溶銅も再加熱する必要があるだろう．現代の鋳物工場では，電気炉等を用いて高温の青銅を容易にストックでき

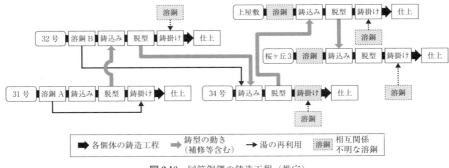

図 2.18 同笵銅鐸の鋳造工程（推定）

るが，人力鞴（ふいご）で送風するような弥生時代の炉ではあまりにもハードルが高い．同じ溶銅を使い回すといっても，実際にはさほど簡単な作業ではなかったと考えられる．

このように，鋳型を使い回すとはいえ，1個の銅鐸を鋳造してから次の鋳造に進むまでには相応の手間と時間が必要である．32号鐸と34号鐸が同じ青銅の使い回しで作られたとしても，新たに別の青銅を溶かす場合と，要する時間はほとんど差がないのかもしれない．一方で，両銅鐸は全国で数百個出土している銅鐸の中で「単に鉛同位体比が近似するだけ」の銅鐸ではない．同じ工房で，同じ工人たちによって，比較的短期間のうちに鋳造された，非常に近しい関係にあることもまた事実である．

こうした状況を加味したうえで，これらの同笵銅鐸の鋳造手順を組み立てると，図 2.18 のような工程が想定できそうだが，いかがであろうか．

(3) 鉛同位体比の一致

複数の青銅祭器の鉛同位体比がまったく異なる場合，これらの青銅祭器が別々の青銅で作られたと判断される．しかし鉛同位体比がごく近い値をとる場合，同じ青銅から作られたといえるのであろうか．あるいは他人の空似なのだろうか．それを判断することは可能なのだろうか．

荒神谷青銅器群の鉛同位体比を分析した平尾らは，種類の異なる青銅祭器でありながら測定値が近似する例をあげ，興味深い指摘をしている．荒神谷青銅器群

の鉛同位体比では，5号銅鐸とA26号銅剣の測定値が近似値をとっている．平尾らはこの状況について，両者が同じるつぼで溶かされた同じ青銅素材を用いて鋳造された可能性を指摘した．両者は同じ場所で同時に作られたのではないか，という見解である．青銅祭器はどこで何時作られたのか，といった基本情報が不足しがちであり，両者の製作地と時期が一致するならば大発見といえる．しかし，この見解は岩永省三らが指摘するように，考古学的見地からは賛同できるものではない．菱環鈕式銅鐸である荒神谷5号鐸は銅鐸の中でも最古段階にあたる．一方，中細形銅剣c類は比較的新しいタイプの銅剣であり，同じ時期に作られた可能性はほとんどない．これまでに分析された武器形青銅器の鉛同位体比をみると，朝鮮半島産鉛を含むものが比較的遅くまで残る傾向があることが知られている．銅鐸と武器形青銅器が，同じタイミングで使用する青銅を切り替えたわけではないのである．こうした事実を冷静に考えれば，両者はまったく別の場所で異なる時期に作られながら，銅同位体比がたまたま近似してしまったとしか考えられないのである．

　残念ながら平尾らが同じるつぼで溶けた青銅素材と判断した基準は明示されておらず，経験と勘による判断なのか，明確な数値設定があるのかはわからない．おそらくは，両者の差が鉛同位体比の誤差程度の違いしかないということなのだろう．しかし青銅祭器のように流通した青銅が限られ，値が一定範囲にまとまりやすい状況にある場合には，鉛同位体比が近似すること自体，さほど珍しいことではないだろう．「他人の空似」が発生しやすい状況にあるのは明らかである．したがって，現時点においては青銅祭器の鉛同位体比が非常に近似する値をとったとしても，ただちにそれらが同じるつぼの青銅素材で（あるいは同じ時期に，同じ場所で）作られたかどうか判断することはできない．むしろ異なっている可能性の方が高いかもしれない．鋳掛けなどの製作工程の検証や同笵関係の把握など，さまざまな考古学的知見を積み重ねることによって，可能性を高めていくしかないのである．

まとめ

　以上のように，加茂岩倉銅鐸群の鉛同位体比分析の結果から，銅鐸製作に使用された青銅素材に含まれる鉛の産地が，朝鮮半島から中国華北地域に変化したこ

とが追認された. 外縁付鈕1式銅鐸19個は一つの紛れもなく朝鮮半島産鉛を含み, 外縁付鈕2式銅鐸以降の20個もすべて中国華北産鉛を含んでおり, 日本列島各地の銅鐸生産・流通体制が一変したと考えられる. また, 出自がイレギュラーな銅鐸であっても, 鉛同位体比が特異な値を示すものがないことから, 当時の青銅素材流通体制が比較的シンプルなものであったことも想定できよう.

　同笵銅鐸の鉛同位体比からは, 想定される製作工程と使用された青銅の復元を試みた. 青銅祭器に用いられた青銅は比較的画一化されたものであるため, 鉛同位体比のみを比較しても限界がある. 31, 32, 34号鐸の検証は, いまだ不完全な部分が多いが, 多少とも銅鐸鋳造工程の実態に迫ることができたのではなかろうか.

今後の展望

　本章では加茂岩倉銅鐸群の分析結果を手がかりに, 青銅祭器に用いられた青銅素材の特徴や産地について検討を試みた. 加茂岩倉銅鐸群は一つの埋納地から出土した銅鐸群にすぎないが, その分析によって得られた知見は広く銅鐸全般にも適用できるものであった. 青銅祭器は土器や石器に比べ, まとまった数量を一堂に調査・分析できる機会が著しく少ない資料であり, 加茂岩倉銅鐸群は国宝かつ国保有という厳しい条件があるにせよ, まとまった情報を得ることのできる貴重な存在である. 荒神谷青銅器群も含め, 青銅祭器の「謎」に迫ることのできる高いポテンシャルを持っていることは間違いない. これまでの調査・分析成果の活用はもちろん, 新たな分析手法の開発や旧来の視点にとらわれない調査研究にも重要な成果をもたらしてくれるだろう.

参考文献

久野雄一郎 (1995) 荒神谷青銅器はどこでつくられたか. 荒神谷遺跡と青銅器 (島根県古代文化センター編), pp.117-148, 同朋社出版.

齋藤　努, 肥塚隆保, 高妻洋成, 澤田正明, 中川寧, 増田浩太 (2016) 加茂岩倉遺跡出土銅鐸の化学分析結果について. 古代文化研究, 24号, pp.1-17.

島根県教育委員会, 加茂町教育委員会 (2002) 加茂岩倉遺跡.

田尻義了 (2012) 弥生時代の青銅器生産体制. 九州大学出版会.

参 考 文 献

東京国立文化財研究所保存科学部，平尾良光，鈴木浩子，早川泰弘（2000）神戸市立博物館が所蔵する桜ヶ丘銅鐸・銅戈の鉛同位体比．国宝桜ヶ丘銅鐸・銅戈—神戸市立博物館—（神戸市立博物館編），財団法人神戸市体育協会．

難波洋三（2000）同笵銅鐸の展開．シルクロード学研究叢書，3号，pp.11-30．

難波洋三（2009）銅鐸の鋳造．銅鐸—弥生時代の青銅器生産—（奈良県立橿原考古学研究所附属博物館編），奈良県立橿原考古学研究所附属博物館特別展図録，72冊，pp.80-87．

難波洋三（2012）柳沢遺跡出土銅鐸の位置づけ，中野市柳沢遺跡（長野県埋蔵文化財センター編），長野県埋蔵文化財センター発掘調査報告書100，pp.192-201．

平尾良光編（1999）古代青銅の流通と鋳造，鶴山堂．

平尾良光，久保田裕子，二宮修治（1995）荒神谷から出土した青銅製品の化学組成．荒神谷遺跡と青銅器（島根県古代文化センター編），pp.91-115，同朋社出版．

増田浩太（2016）加茂岩倉銅鐸の鉛同位体比について．アジア鋳造技術史学会研究発表概要集，10号．

増田浩太編（2017）志谷奥遺跡出土青銅器群の研究．島根県古代文化センター調査研究報告，54，島根県教育委員会．

松本岩雄，足立克己編（1996）出雲神庭荒神谷遺跡，島根県教育委員会．

馬淵久夫，平尾良光（1982）鉛同位体比からみた銅鐸の原料．考古学雑誌，68巻1号，pp.42-26．

馬淵久夫，平尾良光（1987）東アジア鉛鉱石の鉛同位体比—青銅器との関連を中心に—，考古学雑誌，73巻2号，pp.199-245．

第3章 古墳出土の青銅・金銅製品からみた日朝関係
―4〜5世紀前半を中心に―

高 田 貫 太

　日本列島各地の古墳には，青銅・金銅製品が副葬されることがしばしばある．その中には，朝鮮半島との政治経済的な関係をうかがわせるものが含まれる．特に5，6世紀代の代表的な事例は，金銅で装飾された（金銅装の）装飾大刀，装身具，馬具などで，朝鮮半島からの移入品や，それを模倣して日本列島で製作されたものと考えられている．

　その一方で，日朝両地域の古墳から出土し，当時の日朝関係を探る重要な副葬品として認識されながらも，その製作地や性格についての議論が続くものもある．その代表的な事例が青銅製の筒形銅器である．おもに4世紀代に盛行し，現状では日本列島で60例程度，朝鮮半島南部で約30例が確認されている．

　以上のような青銅・金銅製，そして金銅装の副葬品について，近年では朝鮮半島における細やかな変遷や地域性が明らかになりつつある．それに基づきながら，日本列島出土資料の系譜や製作技術，副葬古墳の性格を詳細に検討することで，古墳時代の日朝関係の動態を追究する研究が盛んとなっている（近年の成果としては諫早2012，井上2014，金宇大2017など）．

　また，国立歴史民俗博物館では長年にわたり，日朝両地域の青銅・金銅製品についての鉛同位体比分析を行なうことで，朝鮮半島産の青銅原料の存在や，7世紀以後の日本列島産原料についての検討を行なっている（国立歴史民俗博物館，2006）．その成果は齋藤努によって序章や第1章にまとめられている．青銅・金銅製品やその原料をめぐる考古学的な知見と自然科学的な知見を総合化することで，より豊かに古墳時代の日朝関係について解釈しえる段階となりつつある．

　以上のような問題意識に基づいて，ここでは，鉛同位体比分析が行なわれた資料の中で，4〜5世紀前半における金官加耶や新羅と倭の関係を示す，筒形銅器，

いわゆる「晋式帯金具」、そして龍文透彫製品を検討対象として、それらを取り巻く関係の一端を浮き彫りにしたいと思う.

そこで、本論の構成を4世紀代と5世紀前半代に分け、それぞれの時期ごとに日朝関係の概要をまず提示する. 次に、その関係を具体的に反映する（と想定される）青銅・金銅製品の性格について考察する. すなわち、4世紀代の金官加耶との交渉[1]における筒形銅器・晋式帯金具、5世紀前半代の新羅との交渉における龍文透彫製品である. 最後に、これらの器物を古墳へ副葬することの意義について簡潔に触れることとしたい.

3.1 筒形銅器・晋式帯金具をめぐる金官加耶と倭

（1）4世紀における倭と金官加耶の交渉

a. 金官加耶

まず、金官加耶について説明しておきたい. 韓国考古学では、朝鮮半島東南部の地域社会が相互に連携していた社会と考えられている. その中心となったのが、洛東江下流域の金海地域に位置した金官国であった.

当時の金海地域には、古金海湾が広がっており、その沿岸には古墳群や、鉄・鉄器生産の関連遺跡、港関連遺跡、そして山城などが点在していた. 遅くとも世紀以降、古金海湾一帯では鉄生産と海上交易が一体として運営されていたと考えられる. そして、古金海湾沿岸のほぼ中央には、王宮と推定される鳳凰台遺跡や最上位集団の墓域たる大成洞古墳群が位置している.

古金海湾の周辺に目を向ければ、さまざまな地域社会が位置する範囲は、金官加耶系土器と呼ばれる特徴的な土器群が分布する. また、墳墓の埋葬施設や副葬品の内容にも共通性が高く、金官国を中心として相互に連係することで一つの政治勢力として動いていたと判断できる. これまでの日韓の研究によって、4世紀に倭と金官加耶が活発な政治経済的交渉を積み重ねたことが明らかとなっている（井上、2014など）. その概要を次にまとめておきたい.

b. 金海—博多湾沿岸ルート

弥生時代後半期以降、朝鮮半島との交渉は、金海—壱岐・対馬—博多湾沿岸という幹線的なルートによって、行なわれてきた. 弥生時代の終末期になると、福

岡県西新町遺跡という国際的な交易港が博多湾に形成される．大規模な集落から
は，朝鮮半島系の土器や列島の他地域の土器が多く出土しており，各地の人びと
が朝鮮半島に由来する文物などを入手するような活動が行なわれていたと推測さ
れている（久住，2007など）．すなわち，当時の倭の対朝鮮半島交渉は，おもに
博多湾沿岸を結節点としていたと考えられる．

　しかしながら，4世紀後半には，このような交渉の形態が大きな変動をむかえ
ることになる．まず，福岡県西新町遺跡が4世紀に入ると衰退していき，4世紀
後半には集落自体が消滅してしまう．この頃には，西日本各地で地域間の交渉の
拠点となっていた集落も衰退に向かうようである（菱田，2013）．

c. 沖ノ島の存在

　次に，それと連動するように，玄界灘に浮かぶ孤島の沖ノ島が，遅くとも4世
紀後半には本格的に海上交通に関わる祭祀場として機能するようになる．沖ノ島
では，弥生時代後半の朝鮮半島系土器や西日本各地の土器も確認されることから，
もともとは日朝間における日常的な相互往来の場であり，地域的な祭祀の場でも
あったようである（武末，2011）．

　その祭祀が4世紀後半には非常に大々的なものとなる．代表例が沖ノ島17号祭
祀遺跡で，巨岩上において祭祀が行われ，祭祀具として玉類，石製腕飾類，そし
て三角縁神獣鏡など各種の鏡が用いられた．これは，畿内の有力な古墳の副葬品
と共通する品々である．

　沖ノ島は地理的には博多湾を経由せずに畿内地域と金官加耶圏をむすぶ経路上
に位置する．よって，金官加耶との直接的な交渉をめざした倭王権によって海上
交通の祭祀場として重視された可能性がある．すなわち，金官加耶と倭王権との
直接的な交渉が本格化したことを反映していると想定される．

d. 大成洞古墳群の倭系副葬品

　このような想定を傍証するように，4世紀に入ると，金官加耶圏の最上位集団
の墓域たる金海大成洞古墳群を中心に，新たな倭系器物が副葬されるようになる．
　たとえば，4世紀前葉頃の造営と考えられる大成洞13号墳（図3.1）では，盾
や矢を収納する靫に飾りとして取り付けたと考えられる巴形銅器（図3.1の1）や，
鏃・紡錘車・筒などを模した碧玉（緑色凝灰岩）製品（図3.1の2），そして土師
器系土器などの倭系副葬品が確認された．大成洞古墳群では，倭系器物の副葬は

3.1 筒形銅器・晋式帯金具をめぐる金官加耶と倭　　　　　　　　　　79

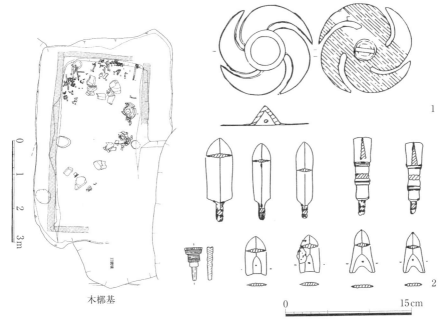

図 3.1　金海大成洞 13 号墳から出土した倭系副葬品
1：巴形銅器，2：鏃形の碧玉（緑色凝灰岩）製品.

ほぼ 4 世紀を通じて認められ，4 世紀後半頃に最も盛んになる（朴，2007；井上，2014 など）．このような文物は，その授受や保有に政治的な意味あいが含まれた器物（威信財）としての性格が強く，日本列島においては畿内地域を中心に分布していることから，倭王権が諸地域社会の統合を意図して分配した器物として評価されている．おそらく，それらの器物には金官加耶との直接的な交渉をもくろむ倭王権の意図が反映されており，それが大成洞古墳群という金官加耶の最上位集団の墳墓において副葬されたということは，金官加耶の側も倭王権の意向をある程度受け入れていたと考えられる．
　このように，4 世紀に入って活発化する金官加耶と倭（王権）の交渉の中で，日朝両地域の古墳に筒形銅器（図 3.2，3.3）が副葬されるようになる．

第3章　古墳出土の青銅・金銅製品からみた日朝関係

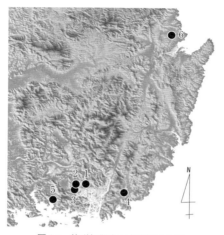

図 3.2　筒形銅器出土古墳群の分布
1：金海大成洞古墳群，2：金海望徳里古墳群，3：金海良洞里古墳群，4：東萊福泉洞古墳群，5：鎮海石洞遺跡，6：浦項興海邑

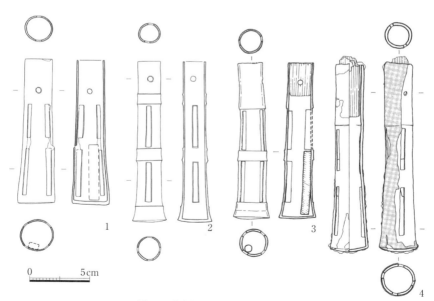

図 3.3　東萊福泉洞古墳群の筒形銅器
1・2：38号墳　3・4：60号墳．

(2) 筒形銅器の製作地と性格をめぐる議論

a. 筒形銅器

筒形銅器は，ヤリや鉾など長柄武器の下端，または儀仗に取り付けられた筒状の青銅製品である．筒部に長方形の透かしをもうけており，中空の内部に舌（青銅製や鉄製のもの，あるいは碧玉製の管玉などを転用）や丸（小石など）が入れられたものが多い．振ると音が鳴る共鳴具であったと考えられる．

日本列島では西日本地域を中心に60例程度，朝鮮半島南部で約30例が確認されている．朝鮮半島における出土例は，ほぼ釜山・金海地域を中心に，ほぼ金官加耶圏に限られる．金海地域の大成洞古墳群や良洞里古墳群，そして釜山（東莱）地域の福泉洞古墳群という大規模な古墳群において出土している．出土古墳数はあわせて約30例である．これらの日朝両地域の筒形銅器が同一の技術で生産された可能性が高いことについては，研究者の間で意見の一致をみている．

従来，筒形銅器は倭（王権）のもとで一括して製作され，倭の中で威信財的な機能を果たした器物として評価されてきた．そして，朝鮮半島南部の出土資料については，倭から金官加耶へ出向く際の珍品，土産品のようなもの，上述の大成洞古墳群から出土した巴形銅器や碧玉製品などと同じような性格の文物と評価されていた．しかしながら，金官加耶における出土事例が増すにつれ，逆に金官加耶において製作され（もしくは金官加耶を経由して），倭へもたらされた文物，あるいは両地域で製作された文物，というような見方も提示されるようになった．筆者はかつて，2005年までの筒形銅器をめぐる研究史を整理したことがある（高田，2006）．

b. 製作地をめぐる近年の議論

その後も，筒形銅器の製作地や性格についての議論は盛んであり，論点も多岐にわたる．その詳細を紹介することは難しく，近年の代表的な成果に絞ってここで紹介したい．まず，倭における多様な流通形態（岩本，2006）や朝鮮半島において製作された可能性（井上，2014）を提起する研究成果である．

このような成果においては，筒形銅器の分布，出土古墳の規模，副葬品としての取り扱われ方などについて，倭と金官加耶の間に，さまざまな差異性が認められることが指摘されている．それを筆者なりにまとめると，次の①〜③のようになる．

①金官加耶では，大成洞，良洞里，福泉洞の三つの中心古墳群において，継起的に筒形銅器が副葬される．2, 3点の複数副葬が一般的であり，大成洞1号墳（主槨）のように，8点もの多量副葬の事例も認められる．一方で倭においては，西日本の広い範囲で散在的に分布している．同一の古墳群で継続して副葬される状況は認められず，1点のみの副葬例が多い．具体的には，畿内地域に分布がややまとまるものの，西日本地域の広い範囲，特に瀬戸内海沿岸地域や日本海沿岸地域，あるいは中国地域の山間部などに分布している．したがって，日朝両地域を見通した場合の分布の核は，釜山・金海地域にある．

②金官加耶では有力な墳墓に主に副葬され，小型墓への副葬の事例は少ない．一方で，倭の場合は，副葬古墳の墳丘の規模や墳丘形態にばらつきが大きく，大型の前方後円墳から小円墳に至るまで副葬されている．

③金官加耶では，長柄武器や儀仗の柄の下端に装着された状態で副葬されることが多い．そして，筒形銅器が被葬者の頭部側に向けられるという共通性を確認できる．倭の場合にも，長柄武器に装着した状態で副葬された事例が確認できる．その一方で，土製の合子に納められたり，布でくるまれたりというように，宝器のように副葬される場合も少なくない．すなわち，副葬品としての扱われ方は金官加耶よりも倭の方が多様である．

以上のような①～③の様相に基づき，井上主税は特定の古墳群における継続的な副葬が金官加耶圏で認められることから，朝鮮半島における製作の可能性が高いことを指摘した（井上，2014）．そして，金官加耶圏における威信財としての機能を積極的に論じている．また岩本崇は，倭の筒形銅器すべてが一貫して倭王権によって管理・製作されたものとは考えにくいと述べている．そして，倭王権の一定の関与の中でも，西日本各地の諸地域社会が個別に入手するような状況も含めた，多様な流通形態を想定すべきと指摘している（岩本，2006）[2]．

以上のような議論に対して，細川晋太郎は筒形銅器の日本列島における製作を想定し，その流通には倭王権が深く関与していたと主張している（細川，2012）．細川が注目した主な考古学的な事象は次のようにまとめることができる．

①金官加耶圏における筒形銅器は，その出土状況をみると，ヤリ，有刺利器，鉾などの石突として，柄の下端に装着される場合が多い．特にヤリとの対応関係を見いだせる事例が顕著である．

②筒形銅器との対応関係がうかがえるヤリの構造をみると，同時期の倭で出土するヤリとの深い共通性が見いだすことができる．すなわち，共通の技術伝統において製作されたと考えられる．

③ヤリの分布や出土数について，日朝両地域を見とおして検討すれば，倭，特に畿内地域に分布の中心があり，かつ朝鮮半島では釜山・金海地域にほぼ限定される．

④碧玉（緑色凝灰岩）製の管玉が筒形銅器の舌として転用された事例が5例確認される．釜山・金海地域出土の碧玉は，倭からの移入品の可能性が高く，それを舌としたものと想定しえる．

⑤日本列島において，日韓の多くの研究者が日本列島製とみる巴形銅器と共通的な分布状況をみせている．また，朝鮮半島において他の倭系副葬品と共伴する場合が多い．

細川はこの①～⑤を主たる根拠として，筒形銅器が日本列島において製作されたと指摘した．そして，「筒形銅器の流通には一元的な供給主体者が関連したと推定できる」（細川，2012：116）とし，朝鮮半島出土資料は，金官加耶（に属する複数の集団）が倭王権との交渉の中で入手したものと想定した．

以上のように，筒形銅器の製作地についての議論は盛んに行なわれ，かつ厳しく対立している．いずれの成果も，筒形銅器を取り巻くさまざまな考古学的事象（製作技術，副葬古墳の編年，対応する器物，分布，副葬古墳群の様相）を綿密に検討したうえで導き出されたものである．いずれも研究の到達点を示すものであり，それぞれに相応の説得力がある．特に細川の議論は，日本列島製作説を最も体系的に提示したものとして，高く評価しえる．

c. 製作地問題をめぐって

この点を確認したうえで，今後も検討すべき課題を言及しつつ，筆者の考えを述べておきたい．細川晋太郎は筒形銅器とヤリの対応関係を重視し，「ヤリが日本列島からの移入品であるから，その石突たる筒形銅器も日本列島からの移入品である」という論理を，日本列島製作説の一つの根拠としている．ただし，細川が強調するほどに，筒形銅器とヤリの対応関係が提示しえるのかについては，より慎重な検討が必要なようにも思える．

たとえば，細川がヤリとの対応関係が見いだしえる事例の一つとして取り上げ

第 3 章　古墳出土の青銅・金銅製品からみた日朝関係

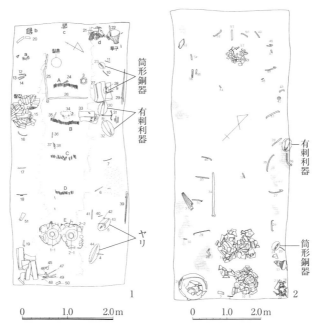

図 3.4　東萊福泉洞古墳群における筒形銅器の出土位置
1：38 号墳　3・4：60 号墳.

た東萊福泉洞 38 号墳（図 3.4 の 1）をみると，木槨内の西側で出土した 2 点の筒形土器（図 3.3 の 1, 2）は，細川の指摘のようにヤリと対応する可能性もある一方で，被葬者の頭部西側付近で出土した 2 点の有刺利器（袋部に木質残存）と対応する可能性も想定しえる．

また，細川の論が提出された後に，調査報告書が刊行された金海大成洞 88 号墳をみると，木槨内の東北側で出土した 3 点の筒形銅器に対応する器物として，ヤリとともに「二枝槍」が想定されている（大成洞古墳博物館，2015：54）．さらに，東萊福泉洞 60 号墳では木槨西辺で明らかに有刺利器と筒形銅器が対応している（図 3.4 の 2）．

そして，対応すべき器物が確認できない事例も多く，筒形銅器自体が儀仗の先端としての機能（田中晋作が指摘するような「装飾物」（図 3.5．田中，2016：79））を果たしていた可能性も考えられる[3]．ひるがえって日本列島の状況をみると，上

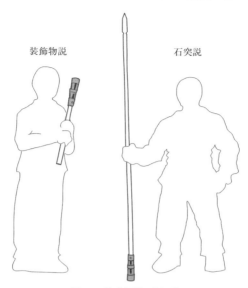

図 3.5 筒形銅器の使用法

述のように，それほどヤリとの対応関係を強調することも難しい．さらに，筒形銅器の製作時期やそれを柄に装着する時期は，必ずしも対応する器物（鉄製のヤリや鉾，有刺利器）の製作時期と一致するわけではない[4]．

したがって，金官加耶圏における筒形銅器は当初から長柄武器や儀仗を装飾する共鳴具として機能していた，と把握しておく方が現状ではより妥当ではなかろうか．

ともあれ，筒形銅器の製作に直接かかわる遺構や遺物が日朝両地域において確認されていないため，考古学的に製作地を確定させることは，現状では難しい．その議論は今後も行なわれていくであろうが，それとともに当時の日朝関係からみた筒形銅器の性格についても，議論を深めていく必要があろう．

d. 筒形銅器の性格

結論的に述べると，筆者は，日本列島における筒形銅器の分布が，畿内地域に分布がややまとまるものの，西日本地域の広い範囲，特に瀬戸内海沿岸地域や日本海沿岸地域，あるいは中国地域の山間部などに分布している点に注目する．このような分布のあり方は，分布の核が畿内地域にあり，倭王権主導のもとで流通

したと考えられる巴形銅器や，碧玉（緑色凝灰岩）製品などとは様相が若干異なる．

　また，近年では，金海望徳里Ｉ区域13号墳や鎮海石洞ダ−1−282号木槨墓などの中小古墳や周縁地域からの出土例も確認され，ひいては洛東江以東地域の浦項地域においても出土している（図3.2）．この状況は，従来から指摘されているように，筒形銅器が単に倭からもたらされた希少な器物としての性格以上に，金官加耶圏の統合，あるいは対外関係を表象するような威信財的な性格を有していたことを傍証している（井上，2014）．

　したがって，倭の筒形銅器すべてが一貫して倭王権によって管理・製作されたものとは考えにくい．この点は岩本崇が的確に指摘しており，倭王権の一定の関与の中でも，西日本各地の諸地域社会が個別に入手するような状況も含めた，多様な流通形態を想定すべきと考える（岩本，2006）．そして，それが西日本において広く副葬される背景には，瀬戸内や日本海沿岸など諸地域社会の主体的な対朝鮮半島交渉への志向性があったのではないか，と考えている（高田，2017）．

(3) 筒形銅器の鉛同位体比分析結果から得られる知見

　ここで，筒形銅器の製作地問題と関連して，齋藤努が進めてきた筒形銅器の鉛同位体比分析の結果について概観してみたい．齋藤は朝鮮半島から出土する各種の青銅・金銅製品についての鉛同位体比分析を行ない，その数値がまとまる「グループGA」と「グループGB」が確認できることを指摘している．そして「グループGB」については朝鮮半島南部地域産の原料の可能性を想定している（国立歴史民俗博物館，2006，本書第1章参照）．

　朝鮮半島出土の筒形銅器についても，この二つのグループに属する資料が数多く確認されている．2012年11月に大成洞古墳博物館に協力のもとで行なった金海大成洞88号墳出土青銅製品の分析結果も含めて，得られる知見をまとめると以下のようになる．

　①二つのグループそれぞれに，大成洞，福泉洞，良洞里という釜山・金海地域の主要古墳群からの出土資料が含まれていること．

　②同一古墳に複数副葬された筒形銅器の数値がほぼ一致する場合があること．その場合には製作から副葬までの過程を同じにした「兄弟品」の可能性が考えら

れること（東莱福泉洞 38 号墳や金海良洞里 443 号墳など．高田，2006）．

③その一方で，二つのグループ（もしくはその付近）それぞれに属する筒形銅器を複数副葬する，東莱福泉洞 60 号墳や金海大成洞 88 号墳のような事例も確認できること．

④金海大成洞 88 号墳では，倭において製作された可能性が高い巴形銅器や銅鏃が，グループ GB に属していること．88 号墳で 3 点出土した筒形銅器のうちの 1 点（分析試料は 2 点）もこれに属している（図 3.6）．

考古学的に筒形銅器の日本列島製作説に立つ場合でも，銅原料は朝鮮半島から入手していたと想定されている．したがって，鉛同位体比分析結果の検討からただちに議論の決着がつくわけではないが，この①〜④の知見を踏まえながら，今後も製作地の問題について検討を重ねていく必要がありそうである．

また当時の日朝関係の視点からみれば，④のように倭系と想定される巴形銅器や銅鏃がグループ GB に属する点は重要で，当時の倭においては鉄原料とともに青銅原料も朝鮮半島に依存していた，という考古学的な想定を傍証していると評価できる．

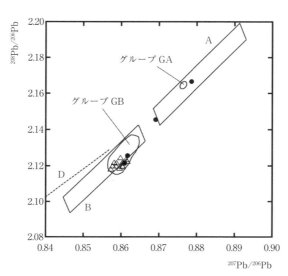

図 3.6　金海大成洞 88 号墳から出土した青銅製品の鉛同位体比分析
△：巴形銅器・銅鏃　●：筒形銅器．

今後は，日本列島出土筒形銅器についての鉛同位体比分析の蓄積と，朝鮮半島の状況との比較が肝要となろう．

(4) 日本列島出土晋式帯金具の移入背景
a. 晋式帯金具

そしてもう一つ，当時の金官加耶と倭の交渉を考えるうえで，重要な資料がある．それは晋式帯金具と呼ばれる金銅製品である．帯金具とは，腰に巻く帯の一端に取り付けられる帯先金具や鉈尾ともう一端のバックルにあたる鉸具，その間で帯を飾る銙などの部品から構成されるものである．その中に，帯先金具と鉸具に精緻な龍文を，銙には4単位の三葉文をそれぞれ透かし彫りで表現し，鍍金し，細部を蹴彫で仕上げた精緻な一群がある．これまでの研究で中国の西晋から東晋の頃に製作されたと想定されている．これが晋式帯金具である（図3.7）．

その分布は，中国東北部や朝鮮半島，そして日本列島にも点的に広がっており，中国東北部，特に三燕地域では模倣品も製作されたようである．その製作技術や

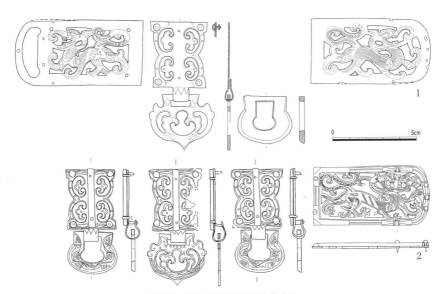

図3.7 倭と金官加耶の晋式帯金具
1：兵庫県行者塚古墳　2：金海大成洞88号墳．

編年,歴史的な性格については藤井康隆の体系的な研究成果がある(藤井,2014).

日本列島では,奈良県北葛城郡広陵町新山古墳や兵庫県加古川市行者塚古墳(図3.7の1)などで確認されており,中国において製作された移入品の可能性が高いと考えられている.ここで問題としたいのは,それがどのような歴史的背景の中で倭へ移入されたのか,あえて図式化すれば,中国晋あるいは三燕との直接的な関係の中で移入されたのか,それとも当時の主要な交渉相手であった金官加耶などの仲介的な動きの中で倭へ移入されたのか,という点である.

b. 倭の晋式帯金具の移入背景

この問題を考えるうえで手がかりとなるのが,行者塚古墳における晋式帯金具の出土状況である.行者塚古墳は墳丘長が約99 mの前方後円墳で,4世紀後半から5世紀初め頃に造営された.後円部の埋葬施設(3基の粘土槨)を埋め戻す際に墓壙の中におかれた中央副葬品箱から,馬具や鋳造鉄斧などとともに,晋式帯金具が出土した(図3.8.加古川市教育委員会,1997).

まず,注目できるのは帯としての破損や部品の欠落が認められる状況である.帯金具は革などの有機質の帯に取り付けられたような状態で,帯先金具1点,鉸具1点,銙板3点が出土した.銙板の枚数が少ないことや鉈尾が欠失しているなど,帯としては不完全な状態だった.また,鉸具や帯先金具の縁に取り付けられるはずの縁金具も欠落していた.そのことから,「製作時や移動時,日本での使用時などさまざまな段階での破損」や「本来から不完全な状態であった可能性」を考慮する必要がある(加古川市教育委員会,1997:95).本来は完全な装飾帯であ

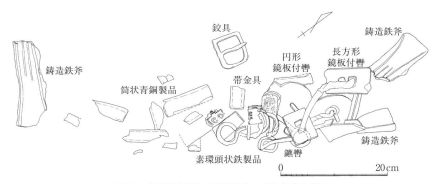

図 3.8 行者塚古墳中央副葬品箱の副葬品出土状況

ったものが破損し，それを補修するようなことがあったと仮定すれば，製作から副葬までの間が，かなり長期間であったと考えられよう．

次に，帯金具とともに副葬品箱に納められた3点の轡（楕円形鏡板付轡，長方形鏡板付轡，鑣轡）と鋳造鉄斧の系譜関係が重要である．まず，轡については日本列島における最初期の馬具であり，その系譜に関しては諫早直人の詳細な検討がある．それによると，朝鮮半島中西部（尚州，清原など），洛東江下流域とその周辺（釜山・金海，咸安など）に求められるという（諫早，2012）．また，鋳造鉄斧についても，当時の倭において出土例は少なく，朝鮮半島中南部からの移入品と考えてよい．これらの副葬品と晋式帯金具が一括で副葬品箱に納められていたのである．

さらに，もうひとつの出土事例である新山古墳では，晋式帯金具とともに，金官加耶圏との交渉において重視された碧玉（緑色凝灰岩）製品が出土している．そして，倭に晋式帯金具が移入・副葬される時期に，金官加耶と倭は活発な交渉関係を積み重ねていた．

以上のような状況を総合化すれば，新山古墳と行者塚古墳の晋式帯金具については，金官加耶と倭の交渉の中で移入されたと考える方が，現状では妥当性が高いように思われる．

c. 大成洞88号墳出土晋式帯金具の意義

実は，このような見解は早くから朴天秀などによって指摘されていた（朴天秀，2007など）．ただ，2000年代までの朝鮮半島中南部における（ほぼ）確実な出土事例は，ソウル夢村土城や伝ソウル風納土城，そして華城社倉里山10-1番地採集品など，百済圏たる朝鮮半島中西部に限定されていた．また，それも帯金具の一部の部品が出土するのみであった．すなわち，金官加耶圏において晋式帯金具の出土例が未確認であるために，仮説の域にとどまらざるを得なかった．

しかしながら，その後の発掘調査によって，4世紀前葉の造営と考えられる金海大成洞88号墳において晋式帯金具（銙4点と帯先金具1点）が出土した（図3.7の2）．盗掘を受けており，副葬時からの部品構成を反映しているのか，もしくは本来は鉈尾や鉸具などの部品を備わっていたのかについては不明である．さらに，88号墳よりもやや先行して造営された91号墳では三燕系と判断される各種の馬具が出土した（大成洞古墳博物館，2015）．これによって，遅くとも4世紀

代に金官加耶が三燕地域と交渉を重ね，さまざまな文物を受容していた状況が，明らかになりつつある．

したがって，倭の晋式帯金具は，中国王朝や三燕から移入されたというよりも，直接的には金官加耶との頻繁な交渉の中でもたらされた，と想定できそうである．そして，中国東北（三燕，高句麗〈こうくり〉），半島中西部（百済）における出土例なども積極的に評価すれば，黄海や朝鮮半島西・南海岸を取り巻く政治経済的なネットワークの存在が浮かび上がる．

(5) 晋式帯金具の鉛同位体比分析結果をめぐって

国立歴史民俗博物館では，大成洞古墳博物館と国立金海博物館の協力を得て，金海大成洞 88 号墳から出土した晋式帯金具の鉛同位体比分析を行なうことができた．銙 3 点と帯先金具 1 点それぞれから試料を採取し，分析を行なった（図 3.9）．その結果をまとめる以下のようになる．

① 4 点の数値が集中しておらず，全体としてばらつきが著しい．

② 2 点についてはグループ GB に属するが，他の 2 点はその範囲から外れる．

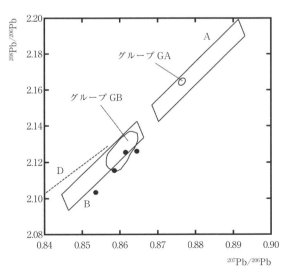

図 3.9　金海大成洞 88 号墳から出土した晋式帯金具の鉛同位体比分析

③中国の華中〜華南産原料の領域とされる領域Bの範囲に1点が属し，他の3点は近接している．

まず，①の状況，すなわち装飾帯を構成する部品ごとに，分析数値がばらつきをみせている点に注目できる．このことは，88号墳出土晋式帯金具を製作した工房において，さまざまな地域から集められた原料が用いられたことを示していよう．

GBグループに属するものもある（②）が，考古学的にみると，88号墳出土晋式帯金具の製作地は中国である可能性が高いので，朝鮮半島産原料を用いていたとは考えにくい．よって，領域Bとの関わり（③）において評価すべきであろう．すなわち，全体として領域Bに近接していること，これまでの研究で領域Bが華中〜華南産鉛の分布範囲にあるという研究成果（馬淵，平尾，1987など）を積極的に評価すれば，華中〜華南地域の各地から原料が集められていた可能性はうかがえる．

付言すれば，筒形銅器や巴形銅器，そして銅鏃など，88号墳から出土した日朝関係の中で解釈しえる青銅製品（図3.6）とは異なる数値の分布を，晋式帯金具が示している点からも，製作地が中国の可能性は高いといえよう．

3.2 龍文透彫製品をめぐる新羅と倭

(1) 5世紀前半における新羅と倭の交渉

a. 日朝関係の多極化

4世紀後葉から5世紀前半にかけて，倭の対朝鮮半島交渉は多極化していく．古代史学の研究を参考にすれば，たとえば百済との正式な通交が開始されたことが，『日本書紀』神功46年3月条などに記されている．そのことを象徴的に示すのが，奈良県天理市の石上神宮に所蔵されている七支刀であり，これは『日本書紀』神功52年条に百済から贈られたとの記載がある「七枝刀一口」にあたると解釈されている（森，2006など）．

その百済と倭のいわゆる王権間の通交に際しては，金官加耶を構成する国の一つである卓淳国（現在の昌原・馬山地域付近か）の仲介があったとされており，百済―金官加耶―倭の関係が樹立されたと評価されている（田中，2009など）．5

世紀前葉に，朝鮮半島南西海岸地域に，いわゆる「倭系古墳」が築かれることも，このような歴史的な動向が背景になっているようである（高田，2017）．

b. 新羅と倭のつながり

一方で，新羅も，考古学的にみると，4世紀中葉以降には倭とのつながりを有していたようである．たとえば，慶州月城路古墳群では土師器系土器（カ-31号墳）や腕輪形の碧玉（緑色凝灰岩）製品（カ-29号墳）などが副葬されている（図3.10）．腕輪形石製品は，当時の倭において倭王権を中心にやりとりされた威信財の一つであり，それが新羅の中心たる慶州地域で出土したことの意義は大きい．そして5世紀前半になると，新羅と倭は活発な交渉を重ねるようになる．

当時の新羅は，高句麗への従属の度合いを深めていき，4世紀末〜5世紀前葉にかけて高句麗へ「質」（仁藤，2004）を派遣している．その一方で，新羅は倭に対しても王子の未斯欣を「質」として派遣している．このことは新羅の厳しい国際環境を示すとともに，そのしたたかな外交を反映している（田中，2013）．

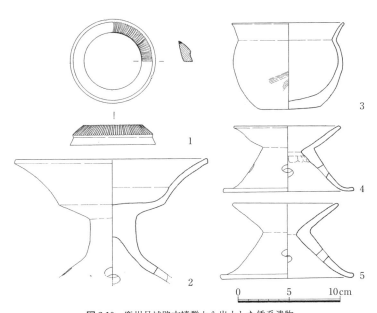

図 3.10　慶州月城路古墳群から出土した倭系遺物
1：カ—29号墳出土の腕輪形石製品　2〜5：カ—31号墳出土の土師器系土器．

近年の考古学的な研究では，倭における金工技術の導入と定着に，新羅も重要な役割を果たしたことが明らかになりつつある．倭にもたらされた装身具，金銅装冑，初期馬具，環頭大刀には，大きくは新羅圏と把握しえる洛東江以東地域に系譜を求められるものが含まれている（諫早，2012；橋本達也，2012；金宇大，2017）．したがって，5世紀前半における新羅と倭の新羅の交渉は，「質」の派遣という限定的なものだけではなく，さまざまな器物や工人の贈与・派遣も含めたものであったと考えられる．そして，双方の交渉の仲介的な役割を果たしたのが，釜山地域であった可能性も高まりつつある（高田，2014など）．

以上のような状況を象徴的に示す資料の一つが龍文透彫帯金具であろうと，筆者は考えている．この点について考古学的な分析から明らかにしたい．

(2) 龍文透彫製品の系譜と性格

a. 龍文透彫製品の型式系列

龍文透彫製品は，龍文を透彫や蹴彫で表現した文様を有する装身具や馬具の総称である．金銅，金，銀製が主である．金銅製帯金具の類例が充実しており，銙板に龍文を施し，心葉形の垂飾を取り付ける場合が多い．三燕圏，高句麗圏，朝鮮半島の洛東江以東地域（慶州，慶山，江陵），中西部（燕岐），南西部（井邑）などにおいて出土している．一方で，日本列島では北部九州地域と畿内地域において出土例がある（図3.11）．

特に，日朝両地域で出土する龍文透彫製品については，龍文様のモチーフや製作技術などからみて，同一の技術伝統の中で製作された金工品の一群と判断できる．筆者はかつて，先学の研究成果に基づきながら，その編年や系譜関係について考察したことがある（高田，2013）．以下の記述は，その成果に基づく．

結論的に述べると，日朝両地域の資料について，透かし彫りされた龍文様の退化傾向を主たる基準としながら，諸々の属性（蹴彫，列点文，垂下飾の形状など）の変化についても考慮して，以下のような型式系列を想定しえる（図3.12）．

［Ⅰ式］ 龍文様を認識して製作された一群．目，歯，舌，角，耳，足，脚，脚関節の羽毛，爪などのパーツが明瞭に表現され，「頭部から胴体，脚部にかけて蹴り彫りが連続しており，一筆書きのように龍が表現」（小浜，1998：327）される資料である．帯金具では，奈良県五條猫塚古墳，やや欠損はあるが江陵草堂洞A-1

3.2 龍文透彫製品をめぐる新羅と倭

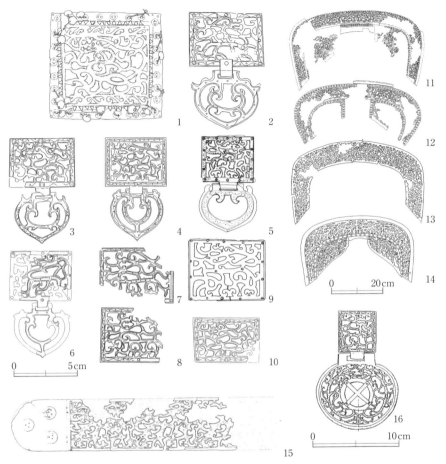

図3.11 各種の龍文透彫製品
1：新沢千塚126号墳，2：江陵草堂洞 A-1号墓，3：慶山林堂洞7B号墳主槨，4：七観古墳，5・9：慶州皇南大塚南墳，6：月岡古墳，7・8：五条猫塚古墳，10：菊隠コレクション，11：伝誉田丸山古墳1号鞍（後輪），12：伝誉田丸山古墳2号鞍（前輪），13：集安万宝汀75号墓，14：伝高霊出土品，15：集安太王陵，16：新開1号墳南遺構．

号墓資料が該当する．

　［Ⅱ式］　龍文様の唐草文様化が進み，特に目，舌や角などが矮小化し不明瞭になる．歯の刻みも確認しにくい．爪や脚の表現も省略され，唐草文様化が進む．頭から胴体にかけて連続した蹴彫が確認できる福岡県月岡古墳の帯金具と，主と

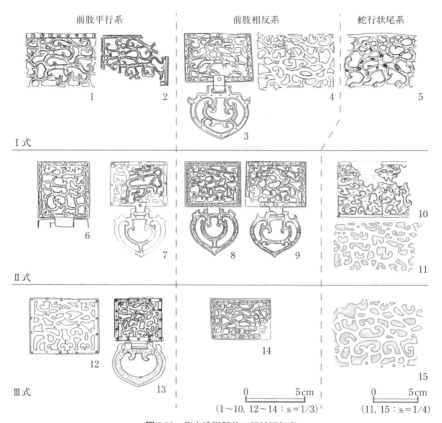

図 3.12 龍文透彫製品の相対編年案

1：伝誉田丸山古墳 1 号鞍（後輪），2：五条猫塚古墳，3：江陵草堂洞 A-1 号墓，4：新沢千塚 126 号墳，5：伝誉田丸山古墳 2 号鞍（前輪），6：新開 1 号墳南遺構，7：月岡古墳，8：七観古墳，9：慶山林堂洞 7B 号墳主槨，10：集安太王陵，11：伝高霊出土品，12・13 慶州皇南大塚南墳，14：菊隠コレクション，15：集安万宝汀 75 号墓．

して透彫の輪郭に沿って蹴彫を施す大阪府七観古墳や慶山林堂洞 7B 号墳の帯金具が該当する．

　[Ⅲ式] 龍文様，特に脚や爪の唐草文様化がいっそう進行するもの．慶州皇南大塚南墳の帯金具が該当する．

　このように日朝両地域をまたがる形でⅠ式→Ⅱ式→Ⅲ式という相対編年を想定できる．したがって，「龍文透彫製品」の日本列島への導入（製作工人の渡来，製

品の搬入）については，継続的な朝鮮半島との交渉関係が必要であったことがうかがえる（高田，2013）.

b. 倭の龍文透彫製品の系譜と性格

朝鮮半島における龍文透彫帯金具の分布において重要な点は，江陵―慶州―慶山と朝鮮半島の東海岸に沿うような形で分布している点である．この東海岸ルートは，当時新羅と高句麗を結ぶ主要な交渉ルートであった．高句麗圏，そして三燕圏においても龍文透彫製品が確認されている状況を重視すれば，その系譜は三燕・高句麗―新羅―倭という関係の中で把握できるであろう．そして，洛東江以東地域における二つの出土古墳を通して，新羅における龍文透彫製品の性格が浮き彫りとなる．

まず，江陵草堂洞古墳群は，これまで確認された江陵地域の4～6世紀代の古墳群の中で最も中心的な位置にある．その中でも龍文透彫帯金具が出土したA-1号墓は，5世紀中葉以前の最大級の高塚古墳と考えられる．後世の盗掘のため，埋葬施設から副葬品はほとんど出土しなかったが，B-16号墓を始めとする周辺の墳墓からは，金銅製出字形帯冠，鳥翼形冠飾，三葉文環頭大刀など，多様な新羅系装身具が確認され，新羅中央たる慶州地域との密接な関係がうかがえる．

また，慶山林堂洞7B号墳も，新羅の有力な地域社会であった慶山地域の中心墳墓群である林堂洞古墳群に属し，5世紀前葉代の有力な高塚古墳である．帯金具のほかにも金銅製冠飾片や頸飾，耳飾，佩砥，環頭大刀などの装身具が被葬者に着装されたような状態で確認された．やはり新羅中央との密接な関係が想定できる．

このように，龍文透彫製品を出土した両古墳ともに，新羅中央たる慶州との密接な関係をうかがうことができる．よって，この帯金具は洛東江以東地域において社会統合を推し進める新羅中央によって諸地域へ配布された服飾品（李熙濬，2007）を構成した装身具の一つであった可能性は高い．

したがって，その政治性に注目すれば，日本列島出土の龍文透彫製品は，新羅中央のまた別の政治的意図，すなわち対倭交渉意図が内包されていた威信財として把握できる（高田，2013）．その背後に，上述したような新羅と倭の活発な交渉を想定することは許されよう．

(3) 慶山林堂洞 7B 号墳出土帯金具の鉛同位体比分析の紹介

　これまで述べてきたように，倭における龍文透彫製品について，筆者は新羅との政治経済的な交渉を象徴する器物として把握している．ただし，中国東北部や朝鮮半島，そして日本列島に分布する龍文透彫製品の生産と流通の実態については，不明瞭なところが多い．その点は，倭における初期の金銅製品についても同様である．それは，当時の金工品製作にかかわる考古学的資料があまり確保されていないことが主たる要因ではある．それでも近年では，オーソドックスな型式学的研究に加えて，金銅製品に残された諸々の製作技術の痕跡を検討することで，この問題に迫ろうとする研究も活発に行なわれている（岩本，2015；諫早，鈴木，2015；金宇大，2017）．

　筆者はこのような研究動向に，鉛同位体比分析による原料の産地推定も組み合わせていくことも可能ではないか，と考える．筆者なりの一歩として，ここでは国立歴史民俗博物館が嶺南大学校博物館の協力のもとで実施した，慶山林堂洞 7B 号墳から出土した龍文透彫帯金具の鉛同位体比分析の結果を紹介してみたい（図 3.13．嶺南大学校博物館，2014）．歴博で分析した資料の中で龍文透彫製品は唯一

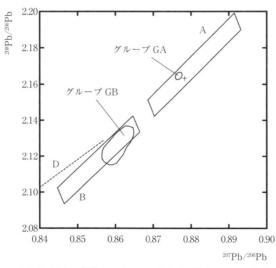

図 3.13　慶山林堂洞 7B 号墳から出土した龍文透彫帯金具の鉛同位体比分析

の事例である.

分析数値をみると，以下の点を指摘できる.

①分析数値は，グループ GA に近似しており，齋藤努によると，ほぼ同じくらいの数値と判断してもかまわないようである.

②グループ GA は下記のような資料が属している.

楽浪土城出土青銅製品，京幾道平澤馬道里 23 号墓出土馬形帯鉤，釜山・金海地域出土青銅製品（馬形帯鉤，筒形銅器など）が属する（国立歴史民俗博物館，2006）.

③巻頭口絵 7 に示されているように，朝鮮半島における現在の鉱床についての分析結果では，グループ GA に属するような鉱床は確認できていない.

現状では，龍文透彫製品としては唯一の分析事例であり，①〜③の点を指摘するにとどめたい．今後も日朝両地域出土の金銅製品の分析を推し進めて結果を蓄積し，相互に比較していくことが可能となれば，金銅製品の生産と流通の実態に関する，また別の糸口をつかむことができるのではなかろうか．考古学と自然科学の協業がさらに進展することを期待したい.

まとめ

本章では，まず 4 世紀から 5 世紀前半にかけての日朝関係について考古学的に概観した．次に，その交渉関係を象徴する青銅・金銅製品，具体的には国立歴史民俗博物館が鉛同位体比分析を行なった筒形銅器，晋式帯金具，龍文透彫製品を取り上げて，その製作地や系譜，器物としての性格について言及した．そして，それぞれの器物の鉛同位体比分析から得られるいくつかの知見をまとめる中で，考古学と自然科学の協業の必要性を示した.

雑駁な内容となっているが，少しでも青銅・金銅製品からみた当時の日朝関係が浮き彫りとなっていれば，と願う.

最後になるが，本文中で取り上げた鉛同位体比分析に関しては，大成洞古墳博物館，嶺南大学校博物館の皆様の多大なご協力を得た．特に，金海大成洞 88 号墳出土資料の分析結果に関しては，原稿作成時には未公表であったにもかかわらず，その使用について大成洞古墳博物館のご快諾をいただいた．末筆ながら記して謝意を表したい.

注

1) 本章では「交渉」という語を多く用いる．これは，人やモノをめぐる交易や使節の派遣，時には武力の行使などを通して，社会や集団が何らかの利益を得るように，相手側に働きかけることなど，広い意味合いで用いている．
2) ただし岩本は，筒形銅器の製作地の比定については，慎重な態度をとっている．
3) 筒形銅器の副葬が終了した後の事例となるが，東莱福泉洞 10・11 号墳の主槨（11 号墳）では，青銅製七頭鈴が主被葬者の東側から出土している．袋部には木質が残存し，木柄が取り付けられていたと考えられる．これも儀仗として評価でき，金官加耶圏における筒形銅器の用いられ方を考えるうえで，参考となる．
4) たとえば，筒形銅器を入手した後に，すでに存在したヤリや，鉾，有刺利器の木柄に石突として取り付けた場合なども考えられる．

参考文献

・発掘調査報告書の多くは省略した．また，専門書・論文よりも一般書を中心に取り上げている．韓国語文献については末尾に（韓）を付している．ご了承願いたい．

諫早直人（2012）東北アジアにおける騎馬文化の考古学的研究，雄山閣．
諫早直人，鈴木　勉（2015）古墳時代の初期金銅製品生産―福岡県月岡古墳出土品を素材として―．古文化談叢，73 集，pp.149-209.
井上主税（2014）朝鮮半島の倭系遺物からみた日朝関係，学生社．
李熙濬（2007）新羅考古学研究，社会評論（韓）．
岩本　崇（2006）筒形銅器の生産と流通．日本考古学，22 号，pp.15-45.
岩本　崇（2015）製作技術からみた龍文透彫帯金具の成立．五條猫塚古墳の研究，pp.313-340，奈良国立博物館．
加古川市教育委員会（1997）行者塚古墳発掘調査概報．
金宇大（2017）金工品から読む古代朝鮮と倭，京都大学学術出版会
久住猛雄（2007）「博多湾貿易」の成立と解体．考古学研究，53 巻 4 号，pp.20-36.
国立歴史民俗博物館（2006）東アジア地域における青銅器文化の移入と変容及び流通に関する多角的比較研究（平成 16 年度文部科学省研究費．研究代表：齋藤努）．
小浜　成（1998）金・銀・金銅製品生産の展開―帯金具にみる 5 世紀の技術革新の実態―．中期古墳の展開と変革―5 世紀における政治的・社会的変化の具体相(1)―，pp.321-342，第 44 回埋蔵文化財研究集会．
大成洞古墳博物館（2015）金海大成洞古墳群―85 号墳〜91 号墳―（韓）．
高田貫太（2006）筒形銅器研究の動向と展望―鉛同位体比分析結果と関連して―．東アジア地域における青銅器文化の移入と変容及び流通に関する多角的比較研究，pp.201-210，国立歴史民俗博物館．

参 考 文 献

高田貫太（2013）古墳出土龍文透彫製品の分類と編年. 国立歴史民俗博物館研究報告, 173 集, pp.121-141.

高田貫太（2014）古墳時代の日朝関係—百済・新羅・大加耶と倭の交渉史—, 吉川弘文館.

高田貫太（2017）海の向こうから見た倭国（講談社現代新書), 講談社.

武末純一（2011）沖ノ島祭祀の成立前史.「宗像・沖ノ島と関連遺産群」研究報告Ⅰ宗像・沖ノ島と関連遺産群, pp.1-36, 世界遺産推進会議・福岡県.

田中晋作（2016）古市古墳群の解明へ　盾塚・鞍塚・珠金塚古墳（シリーズ「遺跡を学ぶ」105), 新泉社.

田中俊明（2009）古代の日本と加耶（日本史リブレット 70), 山川出版社.

田中俊明（2013）朝鮮三国の国家形成と倭. 岩波講座日本歴史第 1 巻　原始・古代 1, 岩波書店.

仁藤敦史（2004）文献よりみた古代の日朝関係—質・婚姻・進調—. 国立歴史民俗博物館研究報告, 110 集, pp.341-353.

橋本達也（2012）東アジアにおける眉庇付冑の系譜. 国立歴史民俗博物館研究報告, 173 集, pp.411-433.

朴天秀（2007）新たに叙述する古代韓日交渉史, 社会評論（韓).

菱田哲郎（2013）古墳時代の社会と豪族. 原始・古代 1（岩波講座日本歴史 1), pp.205-234, 岩波書店.

藤井康隆（2014）中国江南六朝の考古学研究, 六一書房.

細川晋太郎（2012）韓半島出土筒形銅器の製作地と副葬背景. 韓国考古学報, 85, pp.80-123（韓).

馬淵久夫, 平尾良光（1987）東アジア鉛鉱石の鉛同位体比—青銅器との関連を中心に—. 考古学雑誌, 73 巻 2 号, pp.119-210.

森　公章（2006）東アジアの動乱と倭国（戦争の日本史 1), 吉川弘文館.

嶺南大学校博物館（2014）日本国立歴史民俗博物館との共同研究. 嶺南大学校博物館 2013 年度年報継往開来, 13, pp.68-89（韓).

第4章 国産銅鉛原材料の産出地と使用開始時期

澤 田 秀 実

　日本列島における銅鉱山の開発は8世紀代とされてきたが，近年，文献史料や考古学的知見から7世紀代の可能性が指摘されている（亀田，2006；桃崎，2006）．しかし，このような知見は，鉛同位体比分析の成果から馬淵久夫によってすでに1987年に示されていた．

　馬淵の見解は，6世紀後葉から7世紀前葉の製作が想定される，島根県出雲市上塩冶築山古墳出土の銅鈴や島根県安来市高広Ⅳ区3号横穴玄室内出土の金銅製耳環の分析値が，島根県平田市後野鉱山の方鉛鉱，兵庫県朝来市生野鉱山の鉛鉱石の分析値に近く，最古の国産原材料の使用を示唆するものであった（馬淵，1987）．さらに岡山県久米郡久米町（現津山市）荒神西古墳出土の無台銅鋺でも国産鉛の使用を示していた（馬淵，1994）が，この銅鋺にはTK217型式併行期の須恵器が共伴し（村上編，1980），7世紀中葉以前の埋葬が想定されるなど，その後も7世紀代の国産原材料の使用の可能性を改めて示していた．

　このような中で，筆者らは2007年に荒神西古墳に近在する殿田1号墳の測量，発掘調査を実施する機会を得た．この古墳からは1958年に無台銅鋺が採取されており，後年，馬淵によって鉛同位体比分析がなされ，朝鮮半島産鉛の使用が示されていた（馬淵，1994）．ただし，この分析の当時，殿田1号墳の築造時期は把握されていなかった．その後，筆者らの調査で共伴須恵器を確認し，6世紀末葉～7世紀初頭（TK209型式併行期）の築造年代を与えた（澤田ほか，2009）．一方，荒神西古墳では国産原材料が使用されたとされる銅鋺（馬淵，1987）にTK217型式併行期の須恵器が伴い，7世紀中頃の副葬が考えられた（澤田ほか，2009）ので，この二つの古墳の年代観から6世紀末葉～7世紀初頭の無台銅鋺に朝鮮半島産原材料の使用が，また7世紀中葉の無台銅鋺に国産原材料の使用が想定された（澤

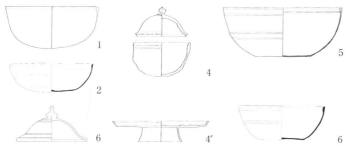

図 4.1 銅鋺実測図（澤田ほか, 2011）
1：黒本谷古墳, 2：殿田1号墳, 3：定北古墳, 4・4'：久本古墳, 5：横大道8号墳, 6：荒神西古墳.

田ほか, 2009). そして, この調査研究を契機に, 考古学的研究からは銅鋺そのものの形態分析, 出土古墳や供伴遺物の検討によって帰属年代が推定でき, さらにその時間軸に沿った鉛同位体比分析および金属成分比分析といった理化学的研究の実施によって, 原材料の入手先や合金技術とその推移, また国産銅鉛原材料の使用開始時期やその産出地に踏み込んだ議論が可能だとの認識に至った.

これらの観点から筆者らは殿田1号墳出土銅鋺（TK209型式併行期, 6世紀末葉〜7世紀初頭）（図4.1-2), 荒神西古墳出土銅鋺（TK217型式併行期, 7世紀中葉. 図4.1-6）の2点の資料について改めて鉛同位体比分析および金属成分比分析を行ない, 7世紀中葉に国産原材料による銅鋺の生産が開始された可能性について見通しを示した（持田ほか, 2010). また, その後の同様な調査事例の蓄積によって裏づけていった（澤田ほか, 2011).

ここでは, これまでの調査研究成果によって得られた理化学的分析の成果をベースに, その後に知り得た耳環などの分析事例を加えて, 国産原材料の産出地と使用開始年代について概観していくことにしたい.

4.1　中国四国地方の銅鋺の理化学的分析

6世紀後半から7世紀にかけての銅製品で鉛同位体比分析が行なわれている資料は, 決して多くない. そのためか, 得られたデータの解釈も十分に定まっていない. その原因の一つとして, 原材料産出地たる銅, 鉛鉱山の基準データに対する認識不足があげられる. また, 鉛同位体比分析によって選り分けられた産出地

第 4 章　国産銅鉛原材料の産出地と使用開始時期

表 4.1　中国地方の銅鋺ほか鉛同位体比分析結果一覧（澤田ほか, 2011）

	出土地／資料	分析番号	$\frac{^{207}\text{Pb}}{^{206}\text{Pb}}$	$\frac{^{208}\text{Pb}}{^{206}\text{Pb}}$	$\frac{^{206}\text{Pb}}{^{204}\text{Pb}}$	$\frac{^{207}\text{Pb}}{^{204}\text{Pb}}$	$\frac{^{208}\text{Pb}}{^{204}\text{Pb}}$	文　献
1	黒本谷古墳／無台銅鋺	B11214	0.8159	2.0919	19.301	15.748	40.376	
2	殿田 1 号墳／無台銅鋺	B11213	0.8601	2.1337	18.214	15.665	38.863	
	殿田 1 号墳／無台銅鋺		0.8603	2.1371	18.220	15.675	—	馬淵, 1994
3	定北古墳／銅鋺蓋	B11205	0.8359	2.0979	18.835	15.744	39.514	
4	久本古墳／銅鋺鋺身	B11202	0.8367	2.0843	18.742	15.682	39.064	
4′	久本古墳／銅鋺承台	B11204	0.8510	2.1034	18.428	15.683	38.762	
5	横大道 8 号墳／無台銅鋺	B11201	0.8465	2.0917	18.446	15.615	38.585	
6	荒神西古墳／無台銅鋺	B11212	0.8460	2.0903	18.447	15.607	38.561	
	荒神西古墳／無台銅鋺		0.8480	2.0982	18.399	15.602	—	馬淵, 1994
7	久米廃寺／相輪	B11209	0.8470	2.0905	18.429	15.610	38.527	
8	美作国分寺跡／風鐸	B11208	0.8473	2.0909	18.418	15.606	38.510	
9	景山里 2 号墳／無台銅鋺	B5201	0.8447	2.0953	18.595	15.707	38.962	齋藤, 2004
10	風返稲荷山古墳／銅鋺蓋	KP1596	0.8203	2.0962	19.212	15.760	40.272	平尾ほか, 2000
10′	風返稲荷山古墳／銅鋺承盤	KP1597	0.8174	2.0951	19.578	15.758	41.018	平尾ほか, 2000
11	東大寺出土銅滓（No.2）		0.847	2.089	18.41	15.593	38.458	久野, 1990
12	月岳鉱山		0.8567	2.1371	18.310	15.686	39.130	馬淵, 平尾, 1987
13	桜郷鉱山		0.8467	2.0907	18.440	15.613	38.553	馬淵, 平尾, 1987
14	長登銅山跡金属鉛塊	L801	0.8477	2.0906	18.408	15.601	38.485	齋藤ほか, 2002
15	長登銅山跡粗銅塊	L901	0.8476	2.0917	18.438	15.626	38.561	齋藤ほか, 2002

同定をより確固たるものにするために，他の理化学的分析方法で裏づける必要も
ある．ここでは，その点を意識して，まずは筆者らが行なった中国四国地方の銅
鋺の理化学的な分析事例を紹介していく．

（1）鉛同位体比分析値の検討

　まず筆者らが行なった鉛同位体比分析の測定結果を示しておきたい（表 4.1）．
また主立った分析資料を図 4.1 に示した．表 4.1 には参考になる分析値も掲げてい
るが，特に断りがないものが筆者らの測定結果である（澤田ほか, 2011）．なお，
鉛同位体比分析は齋藤に依頼し，国立歴史民俗博物館の分析装置，操作法（齋藤,
2001）によって測定した．

　表 4.1 の分析値を図式で示したものが図 4.2 の a 式図と b 式図である．これによ
ると定北古墳出土銅鋺（3），殿田 1 号墳出土銅鋺（2）が D 領域に近接している．
殿田 1 号墳出土銅鋺は b 式図では B 領域（華中～華南産鉛）に入り込むものの，
前回の分析者である馬淵久夫は a 式図での対比結果をあわせて百済の領域に所在
する月岳鉱山（12）の測定値に近く，朝鮮半島産原材料とみている（馬淵, 1994）．

4.1 中国四国地方の銅鋺の理化学的分析

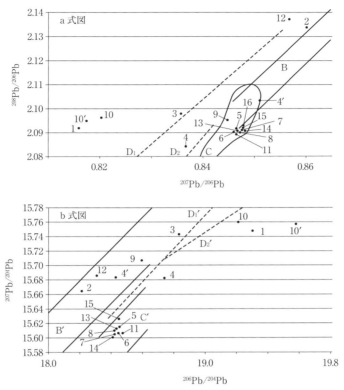

図 4.2 表 4.1 の測定結果（a 式図，b 式図）（澤田ほか，2011）
図中の番号は表 4.1 における番号に対応する．

原産地を判別しがたいのは黒本谷古墳出土銅鋺（1）であるが，風返稲荷山古墳出土銅鋺（10, 10'）（霞ヶ浦町教委，2000）に近い数値を示し，a 式図，b 式図とも近い位置にプロットされ，D_2 領域（朝鮮半島産鉛）に近接する．また久本古墳出土銅鋺は鋺身（4）（図 4.1-4）と承盤（4）'（図 4.1-4'）で異なる測定値が得られており，前者が D_2 領域（朝鮮半島産鉛），後者が B 領域（華中～華南産鉛）に入っている．これは鋺身と承盤とが異なる原材料で製作されていることを示している．

国産の C 領域に入るのが，横大道 8 号墳出土銅鋺（5）と荒神西古墳出土銅鋺（6）である．また津山市久米廃寺出土相輪（7）（7 世紀末），津山市美作国分寺出土風鐸（8）（8 世紀代）も同じ領域に入っており，いずれも数値が近接している．

この周辺に分布するものとして，集中する値を示す皇朝十二銭（齋藤ほか，2002）のほか，山口県桜郷鉱山（13）（馬淵，平尾，1987），山口県長登鉱山（14, 15）（齋藤ほか，2002），福岡県香春岳鉱山（齋藤，藤尾編，2010）などがあり，測定精度が異なるものの東大寺出土銅滓（11）（久野，1990）でも重なる測定結果が得られており，横大道古墳出土銅鋺と荒神西古墳出土銅鋺に用いられた原材料産地を考えるうえで示唆的である．これら国産の原材料産地については次節で詳細をみていくことにしたい．

　さて，鉛同位体比分析では製品に含まれている鉛の産地推定が可能なのであり，中国，朝鮮半島産原材料の使用が推定される場合でも，製品を輸入したのか，原材料を輸入し列島内で製品化したのかは直ちに判別し難い．その判別には考古学的観察や合金成分比，金属組織などを通じた製作技法の検討が不可欠である．

　そのような意味合いから銅鋺の帰属時期，形態的特徴と原材料産地の推定結果との相関性を示しておけば，黒本谷古墳出土銅鋺，殿田1号墳出土銅鋺は TK209型式併行期に帰属し，無台丸底銅鋺（毛利光分類による無台鋺A I 類）（毛利光，1978）で朝鮮産原材料を，また横大道8号墳出土銅鋺と荒神西古墳出土銅鋺は TK217型式併行期に帰属し，無台平底銅鋺（無台鋺B I 類）は国産原材料を用いている．また久本古墳出土銅鋺，定北古墳出土，風返稲荷山古墳出土などの蓋付高台ないし高脚付銅鋺や承盤には朝鮮産原材料（一部中国産原材料）が使用されている．なお，定北の高台付銅鋺の宝瓶形紐は慶州雁鴨池出土銅鋺に類例が求められており（新納，尾上，1995），7世紀中葉の所産とはいえ朝鮮半島で製作された可能性がある．

（2）金属成分分析の成果

　このような鉛同位体比分析の結果は，金属成分分析からみるとどうなるのであろうか．金属成分分析は富山大学の長柄毅一教授にお願いし，蛍光X線分析法によって行なった．分析にあたっては精度を確保するために資料の表面を一部研磨して地金を露出させたが，現地調査を原則としたため，可搬型蛍光X線分析装置を用いた．そのため，コバルトなど銅鉱石産出地の特性を表す0.1%以下の微量成分については検出していない．

　各資料の分析結果は表4.2と図4.3に示したが，鉛同位体比分析で朝鮮半島産原

4.1 中国四国地方の銅鋺の理化学的分析

表 4.2 金属成分分析（蛍光 X 線分析）の成果（—：検出限界以下．澤田ほか，2011）

古墳 種別	分析値 mass%								備考
	Si	S	Fe	Cu	As	Sn	Sb	Pb	Ag	
黒本谷古墳 無台丸底銅鋺	—	0.2	0.1	62.9	0.2	14.4	0.2	21.9	0.1	6 世紀末 朝鮮産鉛
殿田 1 号墳 無台丸底銅鋺	—	0.2	0.2	62.0	0.4	16.3	0.3	20.7	0.1	6 世紀末 朝鮮産鉛
定北古墳 銅鋺蓋	0.2	—	0.6	73.4	0.3	23.4	0.4	1.7	—	7 世紀中頃 朝鮮産鉛
荒神西古墳 無台平底銅鋺	—	0.3	1.1	71.1	4.5	1.0	0.3	21.5	0.1	7 世紀中頃 日本産鉛
横大道 8 号墳 無台平底銅鋺	—	0.1	0.5	77.0	6.9	6.6	0.3	8.5	—	7 世紀中頃 日本産鉛
美作国分寺跡 風鐸	—	0.1	0.1	83.9	4.5	0.3	0.6	10.4	0.1	7 世紀末 日本産鉛
久米廃寺 相輪	—	0.1	5.7	84.6	6.6	0.9	0.3	1.8	—	7 世紀末 日本産鉛

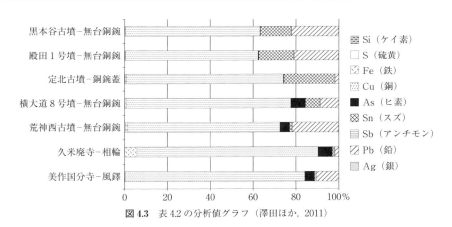

図 4.3 表 4.2 の分析値グラフ（澤田ほか，2011）

材料の使用と判断された黒本谷古墳出土銅鋺は銅 62.9%，スズ 14.4%，鉛 21.9% を含む銅スズ鉛合金，殿田 1 号墳出土銅鋺は銅 62.0%，スズ 16.3%，鉛 20.7% を含む銅スズ鉛合金であった．また，定北古墳出土銅鋺は銅 73.4%，スズ 23.4% を含む典型的な高スズ銅合金であった．

これに対し国産産原材料での製作と判断される横大道 8 号墳出土銅鋺は銅 77.0%，スズ 6.6%，鉛 8.5%，荒神西古墳出土銅鋺は銅 71.1%，スズ 1.0%，鉛 21.5% の銅スズ鉛合金であった．これらは銅スズが 8:2 に近い合金比を保つ朝鮮半島産原材料を用いた銅鋺に比べてスズの含有量が少ない．また銅鋺に限らず国産原材料と判断される資料には 4〜6% のヒ素の含有が判明したが，長登鉱山や東大寺の銅滓に高濃度のヒ素が含まれることは久野雄一郎によって指摘された（久野，1990）ところであり，また鈴木瑞穂は古代国産銅製品全般で金属成分を測定し，スズの含有 1% 以下，ヒ素や鉄の 5% 程度の含有を指摘している（鈴木，2016）．

このような成果を勘案すると横大道銅鋺と荒神西銅鋺での一定量のヒ素の含有は，鉛同位体比分析による国内での原材料産出を支持する成果であった．

　このように金属成分分析からは，銅スズ比が8：2に近い銅，スズ，鉛の合金グループ（黒本谷古墳，殿田1号墳出土銅鋺：TK209型式併行期），銅スズ比8：2に近い高スズ銅合金のグループ（定北古墳出土銅鋺：TK217型式併行期），スズが少なくヒ素を一定量含む合金のグループ（横大道8号墳，荒神西古墳出土銅鋺：TK217型式併行期）の三者に分類可能であった．鉛同位体分析から，これらのうち前二者は朝鮮半島産原材料と推定され，ヒ素を一定量含む後者が国産原材料と推定されるなど，合金成分と原材料産地とのあいだに相関性が認められた．また，銅スズ比が8：2に近い前二者においても銅，スズ，鉛の合金グループが6世紀代末葉から7世紀前葉，高スズ銅合金のグループが7世紀代中葉と製作時期に差異が見いだせる．特に定北古墳出土銅鋺でみられる「佐波理」的な銅スズ成分比を持つものは，現状で国産原材料を使用する銅鋺の中にはみられない．そして，このような銅製品は黒本谷古墳出土銅鋺や殿田銅鋺など非国産原材料を用いた製品とあわせて，朝鮮半島ないし中国で製作されたと考えるのが自然だとみている[1]．

(3) 中国四国地方の銅鋺の分析でわかったこと

　以上の鉛同位体比分析と金属成分分析の結果，銅スズ比が8：2に近い数値を示す定北古墳出土銅鋺，黒本谷古墳出土銅鋺，殿田1号墳出土銅鋺では朝鮮半島ないし中国産などの非国産原材料が使用され，スズの含有量の少ない横大道8号墳出土銅鋺，荒神西古墳出土銅鋺ではヒ素を一定量含む国産原材料が使用された可能性を示してきた．さらに現状の考古学研究成果からは，非国産原材料を使用した無台丸底銅鋺（無台鋺AⅠ類）が6世紀末から7世紀初頭の所産，また国産原材料を使用した無台平底銅鋺（無台鋺BⅠ類）が7世紀中頃の所産であるなど，原材料とともに形態差による帰属時期の違いが把握された．

　このことは列島内における銅，鉛鉱山の開発，銅鋺生産が少なくとも7世紀中葉（TK217型式併行期）までさかのぼる可能性を示している．また，これら国産の原材料が使用されている製品は，スズやヒ素の含有割合からほぼ列島での生産と考えられ，特に横大道8号墳出土銅鋺と荒神西古墳出土銅鋺の原材料産地など鉛同位体比分析，金属成分分析とも分析値からみて桜郷鉱山，於福鉱山，長登鉱

山ないし香春岳鉱山など山口県から福岡県東部に所在するいずれかの鉱山とみるのが穏当である．このうち長登鉱山の鉱石に由来する 7 世紀中葉の銅滓が国秀遺跡で確認されており（岩崎ほか，1992），渡来人の関与による国内の銅生産が 7 世紀中葉以前にさかのぼる可能性も指摘されている（亀田，2010）．

これらの成果を踏まえれば，横大道 8 号墳出土銅鋺，荒神西古墳出土銅鋺などの無台平底銅鋺の国産化も 7 世紀中葉までさかのぼると考えて矛盾しないし，前述の馬淵による島根県出土資料の分析成果（馬淵，1987）によれば，さらに 6 世紀後葉にさかのぼる資料が存在する可能性すら秘めている．

次節では，このような研究成果を踏まえ，既知の鉛同位体比分析値の中に 7 世紀中葉以前にさかのぼるデータがないかを確認し，馬淵が指摘した 6 世紀後半代の国産銅原材料の使用の有無の確認と，鉱山試料分析値との対比によって，その産出地同定を試みてみたい．

4.2　国産原材料産出地の同定と使用開始年代

現状で鉛同位体比分析，金属成分分析がともに実施されている 6 世紀後葉から 7 世紀前半代の資料はきわめて少ないが，前節の分析事例によって，この時期の列島での原材料入手の実態や鋳造技術解明における銅鋺の理化学的研究の持つ重要性を示しえたかと思う．けれども，この研究も端緒についたばかりで，当座，分析値の蓄積が急務であり，今後も多くの資料で分析を進め，考察を深めていく必要がある．さしあたり意識的に資料をピックアップして理化学的分析を行なうのは今後の課題として，ここでは既存の分析結果，特に馬淵の示した鉛同位体比分析値（馬淵，1987）の再検討を中心に，その後の鉛同位体比分析の結果から国産原材料産出地と使用開始年代を追究してみたい．

（1）6 世紀後葉から 7 世紀前半の銅製品の鉛同位体比分析

前述の通り，馬淵久夫は 30 年ほど前に島根県出雲市上塩冶築山古墳から出土した銅鈴（TK43 型式併行期）の鉛同位体比分析の測定結果から国産原材料の使用が 6 世紀後葉にさかのぼる可能性を示唆した（馬淵，1987）．また，近年，齋藤努も出雲市中村 1 号墳から出土した雲珠，杏葉（TK209 型式併行期）の分析で国産

原材料を示唆するデータを得ており，国内鉱山開発が6世紀代にさかのぼる可能
性を想定している（齋藤，2012）．ここではこれらの研究成果を基礎に，検索しえ
た6世紀後葉から7世紀前葉（TK43〜TK209型式併行期）の銅製品の分析値と
ともに，産出地同定の目安となるような近畿地方から北部九州までの銅鉱山試料
の分析値を比較検討し，馬淵と齋藤の見解を検証することにした．

　ここで取り上げた鉛同位体比分析の測定結果と属性を示したのが表4.3[2]であ
る．また，図4.4に，その測定値をa式図，b式図で表した．これによるとa式
図，b式図とも共通して三つの領域に分かれる様子が看取された．これらの領域
はおおむね馬淵らが日本鉛とした領域（日本領域＝C領域）（馬淵ほか，1982；馬
淵，平尾，1987）と重なる．参考までに同じように三つの領域に分かれる愛知県
岡崎市車塚遺跡で出土した五つの耳環の分析結果を図4.5に掲げたが，日本領域
とした分布域から外れるものもあり，分析者である西田らは古墳時代に銅の生産
が始まっていないとの認識から，中国華南ないし朝鮮半島産原材料と解釈してい
る（西田，平尾，2015）．けれども，これに中国地方を中心とした鉱山試料の測定

表 4.3　6世紀後葉から7世紀前半の銅製品および鉱山試料の鉛同位体比分析結果（馬淵 1987，齋藤ほか
2002，齋藤，藤尾編 2010，齋藤 2012，西田，平尾 2015 をもとに澤田作成）

	遺跡名	資 料	時 期	$\frac{Pb^{206}}{Pb^{204}}$	$\frac{Pb^{207}}{Pb^{204}}$	$\frac{Pb^{207}}{Pb^{206}}$	$\frac{Pb^{207}}{Pb^{206}}$	推定産出地	文 献
1	兵庫県生野鉱山	鉛鉱石	—	18.377	15.604	0.8491	2.1047	—	馬淵，平尾，1987
2	島根県後野鉱山	鉛鉱石	—	18.252	15.579	0.8535	2.1067	—	馬淵，1987
3	山口県桜郷（蔵目木）鉱山	鉛鉱山	—	18.44	15.613	0.8467	2.0907	—	馬淵，平尾，1987
4	山口県長登鉱山	金属鉛塊	—	18.408	15.601	0.8477	2.0906	—	齋藤ほか，2002
5	山口県於福鉱山	方鉛鉱	—	18.441	15.603	0.8461	2.0918	—	永嶌真理子氏提供[2]
6	福岡県香春岳鉱山	方鉛鉱	—	18.402	15.615	0.8485	2.0919	—	齋藤，2010
7	島根県上塩冶築山古墳	銅鈴	TK43？	18.219	15.571	0.8548	2.1068	後野	馬淵，1987
8	島根県菅沢谷 C-2 号横穴	耳環	TK43？	18.348	15.595	0.85	2.1012	生野	齋藤，藤尾編，2010
9	島根県高広Ⅳ区3号横穴墓	耳環	TK209？	18.348	15.582	0.8493	2.0994	生野	馬淵，1987
10	島根県中村1号墳	杏葉1	TK209	18.361	15.601	0.8499	2.096	生野	齋藤，2012
11	島根県中村1号墳	杏葉3	TK209	18.252	15.606	0.8552	2.1057	後野	齋藤，2012
12	島根県美月1号横穴	耳環Ⅰ-40	TK209？	18.336	15.615	0.8517	2.1012	生野	齋藤，藤尾編，2010
13	愛知県車塚遺跡	耳環1(460)	7c 前	18.324	15.592	0.8509	2.0996	生野	西田，平尾，2015
14	愛知県車塚遺跡	耳環2(461)	7c 前	18.304	15.571	0.8507	2.0985	生野	西田，平尾，2015
15	愛知県車塚遺跡	耳環4(481)	7c 前	18.32	15.577	0.8503	2.0986	生野	西田，平尾，2015
16	愛知県車塚遺跡	耳環5(479)	7c 前	18.194	15.556	0.855	2.1083	後野	西田，平尾，2015
17	愛知県車塚遺跡	耳環3(478)	7c 中	18.495	15.66	0.8467	2.0946	桜郷	西田，平尾，2015
18	岡山県荒神古墳	銅椀	TK217	18.447	15.607	0.846	2.0903	桜郷	澤田ほか，2009
19	広島県横大道8号墳	銅椀	TK217	18.446	15.615	0.8465	2.0917	桜郷	澤田ほか，2009

4.2 国産原材料産出地の同定と使用開始年代

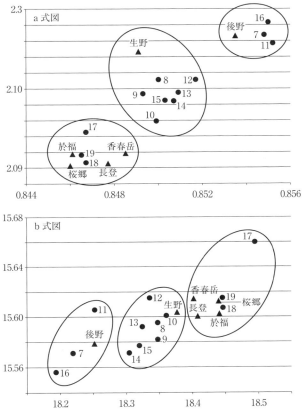

図 4.4 表 4.3 の測定結果（a 式図，b 式図）（表 4.3 をもとに澤田作成）
図中番号は表 4.3 における番号に対応する．

結果を加えていくと，その由来を無理に朝鮮半島，中国大陸に求める必要はなくなる．すなわち後野鉱山の領域（上塩冶築山古墳の銅鈴，中村 1 号墳の杏葉，車塚遺跡の耳環 5），生野鉱山の領域（菅沢谷 C-2 号横穴，高広Ⅳ区 3 号横穴，美月1 号横穴，車塚遺跡の耳環 1, 2, 4，中村 1 号墳の杏葉），長登，桜郷（蔵目木），於福，香春岳といった周防〜豊前の鉱山の領域（車塚遺跡の耳環 3，荒神西古墳と横大道 8 号墳の銅鋺）への帰属であり，多少日本領域（C 領域）から外れるものにおいても国産原材料の使用が想定可能になったと考えている．

第4章　国産銅鉛原材料の産出地と使用開始時期

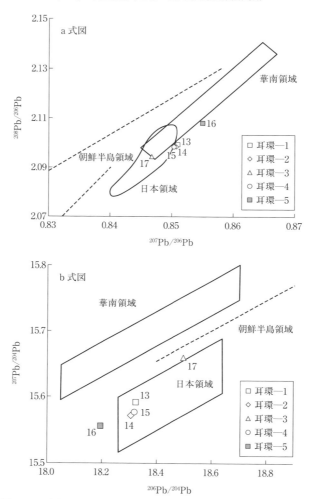

図 4.5　岡崎市車塚遺跡出土耳環の鉛同位体比分析結果（a式図，b式図）
（西田，平尾，2015を改変）

(2) 産出地鉱山の特色と測定値の解釈

　前近代の西日本銅鉛鉱山は図4.6に示したとおりで，この中に本節で取り上げた六つの鉱山も掲げている（下線部）．

　これらの鉱山が所在する北部九州から中国地方の花崗岩帯は磁鉄鉱系の北部九州花崗岩帯，山陰花崗岩帯とチタン鉄鋼系の山陽花崗岩帯に分けられる．そして，

4.2 国産原材料産出地の同定と使用開始年代　　　　113

図 4.6　西日本の前近代の主要鉱山（井澤，2010 を改変）

スカルン型／鉱脈型
1 吉原 Cu, 2 香春（三ノ岳）Cu, Fe, 3 於福 Cu, 4 長登 Cu　北平 Ag, Pb, Cu, 白目, 5 赤小野（銭歴）Ag, Pb, Cu, 白目, 6 桜郷［蔵目喜］Cu, Ag, 白目, 7 玖珂［根笠］Sn, Cu, 8 笹ヶ谷 Cu, 白目, 9 都茂［丸山］Cu, 10 石見銀山［大森］Ag, (Cu, 白目), 11 吉岡 Cu, 12 小泉 Pb, (Ag, Cu, 白目), 13 明延 Cu, 14 生野 Ag, Pb, (Cu, 白目), 15 多田 Ag, Pb, (Cu, 白目), 16 妙法 Cu, 17 紀州 Cu, 18 治田 Pb, Cu, 19 板東島 Pb, Cu, 20 尾小屋, 21 倉谷 Ag, Pb, 22 亀谷 Ag, Pb, 23 神岡　長棟～茂住 Ag, Pb, Cu, 24 神岡　栃洞～円山［和佐保］Ag, Pb, Cu, 25 平湯 Pb

黒鉱型
26 石見［磯竹］Pb, 27 鶯～鵜峠 Cu, 28 鰐淵～暦川（後野）Cu

それぞれの形成年代として北部九州花崗岩帯が白亜紀の1億年前から9000万年前，山陰花崗岩帯が白亜紀後期から古第三紀の7000〜3000万年前，山陽花崗岩帯が白亜紀の1億1000万年前から7000万年前が与えられている（井澤，2010）．このうち香春岳鉱山は北部九州花崗岩帯に所在し，長登鉱山，桜郷（蔵目木鉱山），於福鉱山，生野鉱山は，磁鉄鉱系花崗岩帯とチタン鉄鋼系花崗岩帯の境界付近に形成された銅鉱床であるという．また出雲半島に所在する後野鉱山は，1500万年前の日本海拡大過程で形成した緑色凝灰岩地帯の鉛を含む硫化銅系銅鉱山で黒鉱鉱床（こうしょう）と呼ばれ，秋田県の小坂鉱山，花岡銅山（こさか），島根県の磯竹鉱山（はなおか），鷺鉱山（いそたけ）（さぎ）などと同じ鉱床とされる（井澤，2010）．そして，このような鉱山の存在する地質の形成年代，形成過程をベースに鉛同位体比測定値を読み取っていくことになる．

測定値の解釈では生野鉱山の数値がa式図では外れるので気になるが，表4.3で14とした車塚遺跡出土耳環2の金属成分分析でヒ素が12%ほど含まれている（西田，平尾，2015）ので，長登周辺鉱山と同じ7000〜3000万年前に形成された山陰花崗岩帯で，鉛，亜鉛，ヒ素を多く含むスカルン鉱床（井澤，2010）から産出された原材料の使用が有力である．したがって，この領域は生野鉱山産出の原材料と特定できないとしても，中国山地の磁鉄鉱系山陰花崗岩帯にあるスカルン鉱床に由来する未知の鉱山から産出した可能性も考えられる．

このように長登周辺鉱山，生野鉱山と後野鉱山とでは鉱床の形成年代，構成する鉱石が異なっており（日本鉱山誌編纂委員会編，1956），鉛同位体比を表した式図の分布域に違いが生じるほか，金属成分にも違いが生じてくる．なお，長登周辺鉱山とした長登鉱山，桜郷（蔵目木）鉱山，於福鉱山においても，鉱山ごとに構成する鉱石が異なっており，理論的には金属成分，特に製錬，精錬過程で排除しきれなかった不純物である0.1%以下の微量成分に違いが生じるはずである．このような微量成分分析は個別の鉱山の特色を識別するのに有効と思われるが，現状では意識的に行なわれておらず，今後の課題となっている．

(3) 採掘年代と歴史的背景

このような鉱山試料と6世紀後葉から7世紀前半の銅製品の測定値の比較検討による成果，特に馬淵が指摘した後野鉱山，生野鉱山に近い測定値を持つ資料の追認は重要である．それは，ここで扱った資料でみる限り，後野鉱山，生野鉱山

の原材料を使用した資料の多くが6世紀後葉（TK43型式併行期，TK209型式併行期）にさかのぼる点にあり，後野鉱山，生野鉱山といった出雲，但馬での鉱山開発が先行し，周防～豊前の鉱山開発が7世紀代に後続したとの考えが可能となるからである．このことは，長登周辺鉱山の原材料を用いた無台平底銅鋺（無台鋺BⅠ式）がいまのところ7世紀中葉（TK217型式併行期）を上限としているので，仏具で威信財的なこの手の製品の倣製化にともなって桜郷（蔵目木）鉱山，於福鉱山など長登周辺の鉱山が開発された可能性すら想定させるものである．亀田修一は，先述のとおり7世紀中葉における長登周辺鉱山，香春岳鉱山の開発を朝鮮半島由来の文物に求め，渡来人との関係で論じる（亀田，2006，2010）が，後野鉱山，生野鉱山の採掘開始が6世紀後葉にさかのぼるとするならば，改めて鉱山の探索，採掘，製錬，精錬といった技術が彼の地にもたらされた状況証拠や理由についての考究が必要となる．

　いずれにせよ分析された資料数があまり多くないので仮説としてではあるが，現状では6世紀後葉から7世紀中葉において大きく3か所（但馬，出雲，周防～豊前）の国産原材料産出地が想定可能であり，そのうち後野鉱山，生野鉱山については6世紀後葉にその開発時期が想定されることを強調しておきたい．

まとめにかえて

　以上，国産原材料産出地とその開発時期について，これまでの調査研究事例に基づいて言及してきた．前半の銅鋺の研究では考古学的な型式分類，鉛同位体比分析，金属成分分析といった複数の分析手法の成果を重ね合わせ，その相関性から結論を導き，7世紀中葉の副葬時期が考えられる無台平底銅鋺（無台鋺BⅠ類）で国産銅鉛原材料の使用開始を確認し，あわせてヒ素の含有に特徴づけられる合金成分比を示した．また後半では銅鋺以外の銅鈴，耳環といった銅製品の測定値から産出地の推定を試み，馬淵や齋藤の研究成果を追認し，6世紀後葉から7世紀中葉にかけて但馬，出雲，周防～豊前とった地域に国産原材料産出地があり，但馬，出雲の鉱山の開発が6世紀後葉にさかのぼりうる可能性を示した．さらに副葬品となった製品が原材料産出地から三河など遠隔地に流通していることも示しえたかと思う．

　複数の分析結果から結論を導く方法論的課題に一定の見通しを得たものの，測

定値の正しい解釈にあたっては，鉱床の形成年代（鉛同位体比）や構成鉱石（金属成分）への理解が不可欠であり，地学分野での研究成果が産地推定にむけての鍵となるように感じられる．また，さらに古墳時代の青銅品の原材料の変遷についても，分析事例の偏在から，特に5世紀後半から6世紀にかけての使用状況が明確になっていない．この時期には国内で鋳造された銅鏡が少なからず出土しており，その原材料の追究は国産原材料使用前史として明らかにしておく必要を感じている．

　いずれにせよ6世紀後葉から7世紀前葉の銅製品の理化学的分析は端緒についたばかりで，多くが仮説の提示にとどまっている．今後は鉱山試料の理化学的分析はもとより，ここで取り上げた銅鋺や耳環などの分析事例を増やしていくほか，考古学的な観点では，6世紀前葉から7世紀にかけて製作され，型式変遷とその暦年代観が知られている環頭大刀（新納，1982，1984，1987；豊島，2017）に着目し，倣製化と使用原材料との関係について追究するなど，研究の深化に努めていくつもりである．

　なお，本稿は日本学術振興会　科学研究費補助金基盤研究（A）「高精度同位体比分析法を用いた青銅原料の産地と採鉱に関する研究」（研究代表者：齋藤努，2017～2020年度，課題番号：17K00834）（分担研究：澤田秀実）ならびに同基盤研究（C）「日本列島における銅，鉛原材料の産出地同定と使用開始年代に関する学際的研究」（研究代表者：澤田秀実，2017～2020年度，課題番号：17K03224）による研究成果の一部である．また本稿の執筆過程で馬淵久夫先生，齋藤努氏，長柄毅一氏，今岡照喜氏，武智泰史氏，飯塚義之氏，持田大輔氏にご助言，ご助力を賜った．記して謝意を表すとともに，理解の誤りに対する責任が筆者にあることを明記しておきたい．

注

1) 国産原材料をもちいた銅鋺にスズが少ない理由として，1. 列島内での青銅製品製作過程でスズの入手に問題があった，2. 鋳造時の金属合金比に関する知識が欠如していた，3. 鋳造後の切削加工時における素材硬度の問題でスズを含有しなかったなどが考えられる．これに対し黒本谷銅鋺や殿田銅鋺はほぼ一致する金属成分比で，鉛同位体比分析では非国産原材料を示している．このことは6世紀末から7世紀初頭に副葬される非国産原材料の銅鋺には，

生産時に厳密に合金の配分比を管理できる知識を備えた工人の関与を想定させ，朝鮮半島での生産を考える根拠となっている．

2）於福鉱山の鉱石試料は，山口大学理学部　永嶌真理子准教授より提供を受けた．また，この於福鉱山試料の分析は国立歴史民俗博物館が所有する「マルチコレクタ ICP 質量分析装置」で行なわれた．なお，この表にあるその他のデータは「表面電離型質量分析装置」によって求められている．

参考文献

池本正明編（2015）車塚遺跡．愛知県埋蔵文化財センター調査報告書，190 集．

井澤英二（2010）西日本の金属資源〜前近代鉱業の自然条件〜．資源・素材 2010 秋季大会企画発表講演資料，pp.1-4，日本鉱業史研究会．

岩崎仁志ほか（1992）国秀遺跡，山口県教育委員会．

亀田修一（2006）日本古代の初期銅生産に関する覚書．東アジア地域における青銅器文化の移入と変容および流通に関する多角的比較研究，pp.219-251，国立歴史民俗博物館．

亀田修一（2010）日本における銅製品の始まり．国立歴史民俗博物館研究報告，158 集，pp.263-282．

久野雄一郎（1990）東大寺大仏の銅原料についての考察．考古学論巧：奈良県立橿原考古学研究所紀要，14 冊，pp.111-131，奈良県立橿原考古学研究所．

齋藤　努（2001）日本の銭貨の鉛同位体比分析．国立歴史民俗博物館研究報告，86 集，pp.65-128．

齋藤　努（2004）景山里古墳群 2 号墳出土銅鋺の鉛同位対比分析結果．慶尚大学校博物館研究叢書，28 輯，pp.307-312．

齋藤　努（2006）分析結果〜韓国古墳出土資料，東大所蔵楽浪出土資料，宮内庁所蔵資料などの鉛同位体比測定結果〜．東アジア地域における青銅器文化の移入と変容および流通に関する多角的比較研究，pp.81-117，国立歴史民俗博物館．

齋藤　努（2012）中村 1 号墳出土資料の鉛同位体比分析結果．中村 1 号墳，pp.167-172，出雲市教育委員会．

齋藤　努，高橋照彦，西川裕一（2002）古代銭貨に関する理化学的研究　「皇朝十二銭」の鉛同位体比分析および金属組成分析．IMES Discussion Paper J-Series No.2002-J-30，日本銀行金融研究所．

齋藤　努ほか（2009）鉛同位体比分析による古代朝鮮半島・日本出土青銅器などの原料産地と流通に関する研究．考古学と自然科学，59 号，pp.57-81，日本文化財科学会．

齋藤　努，藤尾慎一郎編（2010）日韓青銅製品の鉛同位体比を利用した産地推定の研究．国立歴史民俗博物館研究報告，158 集，pp.163-288．

澤田秀実，持田大輔，白石　純（2009）津山市油木北　殿田 1 号墳の研究．研究紀要，42 巻 2 号，pp.25-62，くらしき作陽大学・作陽短期大学．

澤田秀実，齋藤　努，長柄毅一，持田大輔（2011）6 〜 7 世紀における古墳出土銅鋺の理化学的

研究．アジア鋳造技術史学会研究概要発表集，5 号，pp.19-24.

鈴木瑞穂（2016）古代の鋳造原料（銅素材）の材料と流通に関する研究～鋳造遺跡出土銅関連遺物の組成調査を中心に～．*FUSUS*，8 号，pp.1-16.

高松市教育委員会（2004）久本古墳．高松市埋蔵文化財調査報告，71 集．

智頭町教育委員会（1983）中河原古墳・黒本谷古墳発掘調査報告書．智頭町埋蔵文化財調査報告書 1，智頭町教育委員会．

豊島直博（2017）双龍環頭太刀の生産と国家形成．考古学雑誌，99 巻 2 号，pp.51-87.

新納　泉（1982）単龍・単鳳環頭大刀の編年．史林，65 巻 4 号，pp.110-141.

新納　泉（1984）関東地方における前方後円墳の終末年代．日本古代文化研究，創刊号，pp.41-47.

新納　泉（1987）戊申年銘太刀と装飾付太刀の編年．考古学研究，34 巻 3 号，pp.47-64.

新納　泉，尾上元規（1995）定北古墳，岡山大学考古学研究室．

西田京平，平尾良光（2015）愛知県岡崎市の車塚遺跡から出土した耳環の鉛同位体比．車塚遺跡　愛知県埋蔵文化財センター調査報告書，190 集（DVD 版添付資料），pp.1-10.

西村嘉允ほか（1972）竹原市史，1，竹原市．

日本鉱山誌編纂委員会編（1956）日本鉱山誌 I -b：主として金属原料となる鉱石，鉱業技術院地質調査所

日本の地質『中国地方』編集委員会編（1987）中国地方（日本の地質 7），共立出版．

平尾良光，榎本淳子（1999）古代日本青銅器の鉛同位体比．古代青銅の流通と鋳造，pp.31-161，鶴山堂．

平尾良光，榎本淳子，早川泰弘（2002）風返稲荷山古墳出土資料の鉛同位体比．風返稲荷山古墳，pp.243-252，霞ヶ浦町教育委員会．

馬淵久夫，平尾良光，佐藤晴治，緑川典子，井垣謙三（1982）古代東アジア銅貨の鉛同位体比．考古学と自然科学，15 号，pp.23-39.

馬淵久夫（1987）鉛同位体比による原材料産地推定．出雲岡田山古墳，pp.167-171，島根県教育委員会．

馬淵久夫（1994）荒神西古墳および殿田古墳から出土した銅鋺の原料産地について．研究紀要，27 巻 2 号，pp.27-33，作陽学園学術研究会．

馬淵久夫，平尾良光（1982a）鉛同位体比からみた銅鐸の原料．考古学雑誌，68 巻 1 号，pp.42-62.

馬淵久夫，平尾良光（1982b）鉛同位体比法による漢式鏡の研究．*MUSEUM*，No.370，pp.4-12.

馬淵久夫，平尾良光（1983）鉛同位体比による漢式鏡の研究（二）．*MUSEUM*，No.382，pp.16-30.

馬淵久夫，平尾良光（1987）東アジア鉛鉱石の鉛同位体比．考古学雑誌，73 巻 2 号，pp.71-82.

村上幸雄編（1980）稼山遺跡群 II 古墳・墳墓編．久米開発事業に伴う埋蔵文化財発掘調査報告（2），久米開発事業に伴う文化財調査委員会．

持田大輔，長柄毅一，澤田秀実（2010）6-7 世紀における銅製容器の生産体制（予察）．アジア鋳造技術史学会研究発表概要集，4 号，pp.9-12.

桃崎祐輔（2006）金属器模倣須恵器の出現とその意義．筑波大学先史学・考古学研究，17 号，pp.81-102.

毛利光俊彦（1978）古墳出土銅鋺の系譜．考古学雑誌，64 巻 1 号，pp.1-27.

第5章 理化学的分析と考古学からみた日本の銭貨生産

高 橋 照 彦

5.1 国立歴史民俗博物館における銭貨の理化学的研究

(1) 研究プロジェクトの経緯

　貨幣は人間が生み出してきた重要な道具であり，現在の社会にとっても不可欠な存在である．日本においても，この貨幣とのつきあいにはすでに長い歴史がある．とりわけ金属貨幣に含まれる円形方孔（外形が円で四角い穴）の銅製の銭貨は，日本古代，7世紀頃の飛鳥時代から近世，江戸時代にかけて各種のものが作られ，また各地で使われた．その銭貨は，文献史学や考古学などの分野では歴史を物語る資料として関心も高く，さまざまな研究がなされている．

　そのような銭貨において，素材価値を示す金属原料の側面は，貨幣を規定する無視できない要素である．ただ，その原材料の調達や調合の解明という観点からすると，文献史料が残されることは少なく，また考古学の立場でも銅錆でおおわれた銭貨の外観を肉眼で観察しただけでは，それらの情報を得ることは非常に難しい．そこで，分析化学者とともに銭貨についての理化学的分析を進める必要性が非常に高い．以下では，国立歴史民俗博物館（歴博）での共同研究報告にまとめた成果（齋藤ほか，1998；齋藤ほか，2000；齋藤，2001；高橋，2001a）の一部を紹介するとともに，その後の研究状況（齋藤ほか，2002）や現時点での考えについても言及することにしたい．

　歴博では1993年から1995年の鉛同位体比分析を主とする共同研究の一環として，銭貨を一つの検討対象に取り上げることにした．それは本書の編集担当である齋藤努と，その当時歴博に勤務していた筆者が中心となって取り組んだ課題の一つである．その頃には，銅鏡や銅鐸（どうたく）についての鉛同位体比分析は比較的多く行

なわれていた．しかし，銭貨に関する鉛同位体比分析は，それほどデータが示されていなかった．日本の考古学研究において，弥生・古墳時代の青銅器は時代を象徴する器物としてとりわけ重要であり，その原材料の産地についても特に関心が高かったことからすれば，上記の調査の偏りも当然といえば当然である．

　しかしながら，弥生・古墳時代より後にも日本列島では銅製品が使われ続けており，その歴史を包括する意味でも，古代以降の製品を網羅的に検討することは重要な研究課題であった．それには，長い期間にわたって発行され，発行年代などもおおよそ判明することから，銭貨はまさにうってつけの対象である．

　この共同研究よりも先行してわれわれが試みていたのは，日本古代の鉛釉陶器，珪酸鉛を主原料とする釉薬が施された焼き物の分析である．正倉院に納められている三彩陶器などはその代表例になり，中国では唐代の墓から出土するウマやラクダや女性像などの三彩の俑も，同じ鉛の釉薬の製品になる．これらは，考古学を専門とする筆者が当時取り組んでいたテーマであって，ちょうど歴博に赴任した縁により，分析研究の齋藤と出会うことができたために実現した研究である．

　そのようなおりに，歴博では大川天顕堂という銭貨の一大コレクションによる展覧会を開催しようという話が持ち上がり，また日本銀行（日銀）の貨幣博物館でも日本有数の銭幣館コレクションの調査プロジェクトも立ち上がった．それらの膨大な資料により分析研究の必要条件も整った．いまから思えば不思議な巡り合わせであるが，そこから銭貨を対象とした研究プロジェクトが始まった．

(2) 研究プロジェクトの方向性

　われわれの調査開始以前になされていた銭貨についての鉛同位体比分析では，同一銭貨に対する分析資料数の乏しさにより，一定の結論にまで至っていないことが多かった．さらなる研究を進めるには，銭種をできるだけ網羅するとともに，同一銭種も複数個体を分析することなどの方針を定めた．後述するが，おもに日本で発行された銭貨のうち，古代から近世に至るかなり主要なものを網羅して，最終的にはその変遷の大枠を描くことができたように考えている．

　また，それまでの研究では，分析化学者が中心になった研究成果の公表という場合が多く，分析結果を提示することそのものに研究の重点がおかれていたように感じる．そこでは分析品の拓本などが掲載されていないことも少なくなかった

ため，貨幣学あるいは考古学の観点からの活用が困難であった．この点を克服して歴史的な検討を深めることも，筆者らの課題として念頭にあった．結果的には，銭貨の各部の計測値や銭文（銭貨に書かれた文字）の特徴の微差と鉛同位体比などの科学的な成果とを重ね合わせることにより，「寛永通寶」などという銭種の大別だけでは発見できない差違も抽出できたように思われる．

　上記の作業は，言葉で表現すると簡単そうだが，基礎作業はかなりの労力を要するものであった．日銀資料の調査では，月に何度か曜日を決めて，千葉の佐倉から東京日本橋にある日銀の貨幣博物館に通う日々が続いた．筆者は，当時貨幣博物館に在任の西川裕一とともに，拓本をとり，法量（各部位の大きさ）の計測を行なう一方で，齋藤が分析試料（基本的には錆）の採取を行なった．

　その後，試料の理化学分析を行ない，拓本や計測データを整理するなど，それぞれの担当での作業を進めるのだが，それらをある程度行なった段階で，結果を相互点検する作業も重要であった．人間の作業であるから，どこかでコンタミネーション（異物混入）やその他のデータミスが生じることは避けられない．ただ実のところ，妙な値のデータは分析者の責任というよりも，そもそもの分析対象資料の状況に依拠している場合が多いのであろう．収集家のもとで保管されてきた資料でもあり，表面に異なるさまざまな異物が付着する可能性も大いにある．したがって，出てきたデータを点検することは必要であり，改めて試料を取り直したものもある．何度かの相互確認の作業が学問分野を越えた研究には必要であり，それを進めることが新たな確かな成果を生むと筆者は信じている．

　以下では，上記の課題に関する現況を述べることにより，これらの分析を活用する方々が増え，また来るべき新たな研究の基礎になることを願いたい[1]．

5.2　古代銭貨の金属原料

(1) 古代銭貨の鉛同位体比分析

　まずは，和同開珎を始めとする奈良・平安時代頃の古代銭貨から取り上げていく．古代の銭貨に関しては，たとえば平安時代の『延喜式』（905（延喜5）年に編纂が始まり，927（延長5）年にひとまず完成した，律令法典の施工細則）などに，原料の産地やその貢納量の記載がある．ただし，これはあくまで平安時代の一時

期の規定であり，どの時点の規定かも厳密には検証が必要になる．また，当時に目指された規定と実態には齟齬もあるかもしれない．そこで，実物をもとにした鉛同位体比分析から，この点を検討してみることは一つの課題となる．

鉛同位体比分析について最低限の確認だけをしておくと，銭貨の主要成分の鉛には，わずかに原子の重さ（質量数）が異なるもの4種類が存在し，それらは鉛の同位体と呼ばれる．そして，鉱山（鉱床）によってその鉛の同位体の比率には差が認められる．その点を利用して，同位体比を算出することにより鉛原料の産地などを推定することも可能になる．鉛同位体比の散布図ではいくつかの表示法があるが，本章ではa式図と呼ばれるものにより示しておく（図5.1など）．もちろん，細かく検討するには，b式図など別の図を併用し，複数の要素を点検するのが好ましい．詳細な数値データは，もとの文献によられたい．

このa式図に日本各地から産出した鉛の同位体比をプロットすると，おもなものは靴底の形をしたような範囲（C，旧稿でのJ領域）内に収まることが判明している．個別には細かな吟味が必要であるが，上記の範囲は日本産か否かを判別

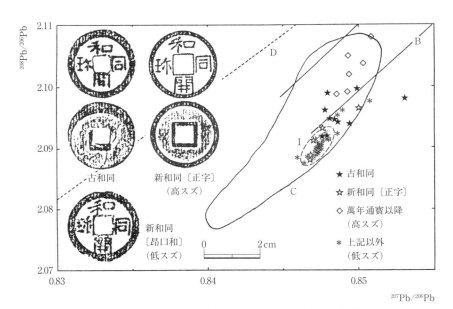

図5.1 古代銭貨の鉛同位体比（齋藤ほか，2002をもとに作成）

5.2 古代銭貨の金属原料 123

するおおよその目安として利用できる．以下の図は日本に関わるデータ部分を中心に拡大したものだが，右上の2本の実線に挟まれたB（旧稿のE領域）の範囲が主に中国の華南地域，左側のD（同じく旧稿のK領域）の破線付近は朝鮮半島のデータの一部を示している．

　このa式図によって古代銭貨の鉛同位体比をグラフ化すると（図5.1），そのほとんどが日本産鉛のCとする領域の中でも，さらに中央下寄りに破線で囲んだ範囲（「グループI」と呼称）に集中している様相が見て取れた．

(2) グループIの原料産地

　まずグループIに注目して，その原料鉛の産地を探ってみることにする．グループIの値は，以前から明らかにされていた鉱山のデータでは，長門（山口県）の桜郷鉱山（蔵目喜鉱山に含まれる，旧阿武郡阿東町）に最も近似していることがすでに指摘されていた（馬淵ほか，1983）．しかし，厳密にいえば，グループIと桜郷鉱山のデータは完全には一致していなかった．現在の鉱山データはもちろんすべての鉱山を網羅していないし，過去に採掘している鉱床と一致しているとは限らないから，そのままでは比較にならない場合も少なくないのである．そこで，われわれは各地の遺跡出土品など鉛の産出地に関係する試料を収集して鉛同位体比分析の調査を行なうことにした．

　最初に，古代の鉱山跡としてすでに発掘調査も行なわれていた山口県美祢市（旧美東町，長門国）の長登鉱山（銅山）を対象にした．長登鉱山跡は，有名な秋吉台の東方に位置する鉱山で，採掘の坑道のほか，山麓部の製錬関係の工房などで構成されている．また，同じ美祢市の平原遺跡出土資料についても試料の分析を試みた．平原遺跡は，長登鉱山跡に隣接した平地部に立地し，鉛の製錬遺構が確認されている．大型掘立柱建物も知られ，官衙的な施設も存在したものと想定されている．それらの分析の結果，長登鉱山跡や平原遺跡からの出土資料の鉛同位体比は，グループIの分布域にまさに一致することが判明した（図5.2）．

　ちなみに，奈良の東大寺大仏は，鉛同位体比分析がされていないものの，大仏殿周辺出土の銅滓にヒ素が多いことなどから，この長登産出品を使用したものと推測されている．厳密にいえば，創建当初の大仏からのサンプリングによる鉛同位体比の分析が必須ではあるが，同時期の銭貨の様相からも，長登から鉛さらに

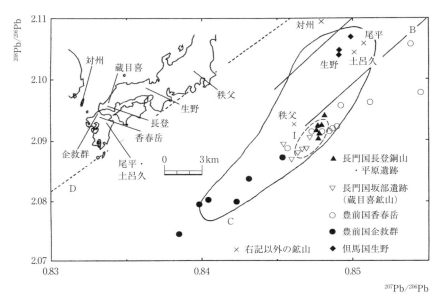

図 5.2 鉱山関連資料の鉛同位体比（齋藤ほか，2002；馬淵・平尾，1987 をもとに作成）

は銅が供給されたものとみて大過ないであろう．この長登の地名は「ならのぼり」（奈良上り）が訛ったものという地域の伝承があるというが，このような言い伝えも無稽なものとして切り捨てるわけにはいかないことがわかる．この長登鉱山では，地元の研究者によって，木簡の大量出土など新たな発見が相次ぎ，その後もさらなる歴史の掘り起こしが地域の町おこしに結びついた．まさに文化財活用の手本のような成果である．近年には，長登鉱山周辺での調査も再開している．新たな成果が生み出されることを期待したい．

さて，分析の成果に戻ると，以前の歴博研究報告の刊行段階では，この長登とのデータの一致という成果で終わっていたが，その後さらに周辺の鉱山資料などを追加して，新たにデータを得ることができた．

まず，長門国には長登より北東で，萩市の東方に位置する鉱山として，桜郷鉱山を含む蔵目喜鉱山が知られている．その鉱山に近接する古代遺跡に山口県萩市（旧福栄村）の坂部遺跡がある．この遺跡では奈良時代の銅や鉛の精錬遺構が確認されている．その出土品を調査したところ，先述の桜郷鉱山の値とも比較的類似

するため，やはり蔵目喜のいずれかの鉱山の原料鉱石をもとに精錬していたことが推測される．そして，その測定値は，おおむね先のグループＩとした範囲に重なった（図 5.2）．ただし，坂部遺跡のものは長登鉱山の値ともわずかに異なり，グラフでは長登鉱山の数値よりも左下を中心にプロットされることがわかった．つまり，グループＩの右上が長登（平原），左下が蔵目喜（坂部）であり，古代銭貨はそれら双方を利用した状況にあったといってよいことが判明した．

　この長門には，上記の他にも古代に操業していたとみられる鉱山が存在している．長登鉱山からは秋吉台を挟んで西に於福鉱山が位置するが，この於福鉱山と関連するとみられる遺跡に，7 世紀後半頃の中村遺跡や国秀遺跡，8 世紀前半頃に銅の精錬を行なっていた上ノ山遺跡がある．これらの分析結果は，数値としてばらつきが大きいものの，グループＩより外側で左上のあたりに認められる．そのため，於福鉱山はグループＩを構成するような鉱山ではなかったことになる．上ノ山遺跡などでは銅精錬のみで鉛の精錬が確認されておらず，於福鉱山周辺では古代において鉛はあまり産出していなかったのであろう．

　次に山口県以外の産地をみていく（図 5.2）．『延喜式』には銅や鉛の産地として長門以外に福岡県東部の豊前があげられており，特に企救郡（現在の北九州市・行橋市）と香春岳（香春町）が産出地として知られる．そこで企救郡の古代遺跡出土品を分析したところ，Ｉよりも外側の左下付近に広がることがわかった．古代銭貨ではこのような数値を示すものがまれなので，企救郡周辺からは銭貨生産に銅を供給することはあっても，鉛はほとんどなかったのであろう．

　一方の香春岳は，古代遺跡の調査が必ずしも進んでいないので，採取された鉱石なども含めたデータもプロットしたところ，非常に値が分散する結果になった．古代の遺物による検討でないことは考慮の余地を残すが，このグラフの範囲の右外まで大きく外れる数値のものが６点もあり，むしろＣの範囲を逸脱した特殊な分布を示している．ただ，香春岳の鉛同位体比データにグループＩに含まれるものが存在することも，新たな分析の結果より確認されている（齋藤，2010）．そのため，香春岳産か長門産かを厳密に識別するのは難しくなった．

　しかし，香春岳産の数値が広範にばらつき，グループＩに入るものは測定 17 点中わずかに２点である．古代銭貨の集中は著しいので，その鉛のほとんどは長門産とみるのが穏当である．『延喜式』では長門と豊前が鉛の２大供給地だが，実際

には豊前からの鉛供給量は少ないのであろう．『延喜式』はあくまで規定であって，実際の供給とは厳密には対応していないことも十分に考えられるのである．

(3)「古和同」の原料産地

　次に，グループⅠから外れる事例をみたいが，それを考えるうえで興味深いのは，いわゆる「古和同」である．和同開珎には，銭文の特徴から，一般に「古和同」と「新和同」に大別される（図5.1）．古和同は非常に珍しく，発掘してもほとんどみつからない．銭貨の径は新和同より小さいことが一般的で，文字も新和同のような整った字形をしていない．たとえば「開」の字をみると，新和同は通例の2画目と5画目に切れ目がみられる（隷開と呼ばれる）のに対して，古和同は切れ目のない現在では一般的な字体（不隷開）が多い．これら2種の評価にはいろいろなものがあるが，古和同の範疇のものが銀銭ではほとんどであり，銀銭は和同銭の初期のみしか発行されないことから，古和同銅銭も和銅年間（708～715年）など和同開珎の初期段階の鋳造と判断するのが穏当であろう．

　古和同の鉛同位体比をみてみると，同じ和同開珎とひとくくりしてしまうと気づかない特徴が表れてくる．一見してわかるように，他の古代銭貨で集中しているグループⅠから外れる例が圧倒的に多いということである．ただし，少ないながらもグループⅠ内の右上あたりを示す例もある．これは長登鉱山の値に近いので，部分的に長登あるいはその周辺の鉱石を用いていたものと判断してよいだろう．しかし，グループⅠ内の左下の事例は現状では認められない．この点を重視すると，蔵目喜鉱山などはこの古和同の鋳造段階ではいまだ操業が始まっていなかったか，少なくとも後ほどに活発ではなかったと推測することができる．

　そして，古和同の鉛同位体比で重要なのは，いま記したように，グループⅠとは離れた数値を示すものがほとんどであり，しかもその集中域より外側でも右上の方にばらつきながら散布する点である．古和同は金属組成として一般に鉛が非常に少ないため，鉛同位体比の値も，鉛として添加されたものの値というよりも，主成分の銅の中にごく少量含まれた不純物としての鉛の値が反映している可能性があり，いわば銅の産地を示すものかもしれない．ともかくもその値は，先に示したものと比較してみれば，長登の西方の於福鉱山あたりに近似している．先に記したとおり，於福鉱山の周辺遺跡から判断して7世紀後半を中心にして一部は

8世紀まで銅産を行なっていたことからみれば，古和同銅銭などの発行において
その地域から原料供給を受けていた可能性は十分に高いであろう．

　また，ばらつきがあるので確定はできないが，古和同の値は豊前香春岳の値の
一部とも似ている．その他，古代遺跡からの出土データではないものの，生野鉱
山を始めとする西日本の鉱山の値にも比較的近いものがある．コレクション資料
のため，贋物などが含まれていることも否定はできないが，いずれも数値がばら
つくことから複数の産地から供給されていたとみてなんら不思議はなく，それら
の各地の産品と長門の産品などとを混合している可能性も十分に考えられる．

　そうなると，文献史料の記載にも注意が必要になる．まず和同開珎の発行の契
機として秩父（埼玉県）から銅が献上されたことが知られている．古代遺跡から
の出土品の分析値ではないが，秩父の鉛同位体比は，グループⅠの外側の少し左
上になる．和銅という年号も採用されて，秩父の産品は和同開珎の銅銭（とりわ
け古和同）に用いられた感が強いが，秩父が和同開珎の主要な原料の産地であっ
たとはいえない．今後，古代にさかのぼりうる資料により，新たな追加調査が必
要であろう．

　この他にも，注意される文献記載がある．『続日本紀』によれば，和同開珎の鋳
造開始期において，長門での鋳銭が確実には確認できない一方で，各所で銅銭に
かかわる記事が認められるのである．具体的には，「近江国鋳銅銭」（和銅元（708）
年正月丙辰条），「大宰府献銅銭」（同3年正月丙寅条），「播磨国献銅銭」（同年正月
戊寅条）などである．大宰府や播磨からの銅銭の献上は，必ずしもその地での鋳
銭を示していないが，両地とも地理的に近接する香春岳や生野鉱山に似たデータ
があることを重視すれば，その各地域でごく初期の和同開珎が鋳造されていたこ
とは十分に考えておくべきであろう．少なくとも中央における鋳銭司（河内か）
においては，長門での銭貨生産の定着以前にあって，銅生産が行なわれていた各
地から銭貨原料の供給を受けていたものと推測できる．

　このような当初の和同銭の生産に対して，新和同以降は基本的に長門の長登や
蔵目喜が鉛供給の中心を担うことになる．その点は，長門鋳銭司が鋳銭の中心と
なり，後も長登鉱山からは距離的により近くに位置する周防鋳銭司などでの銭貨
の生産が行なわれていくことからも，納得しやすい現象であろう．

　なお，古和同以前の銭貨として富本銭が発行されていたことは，奈良県明日香

村の飛鳥池遺跡での発掘により明らかになった．富本銭については，その鉛同位体比測定結果が未公表であるため，関連する7世紀後半の状況に触れておく．

まずは，7世紀後半の飛鳥池遺跡の鉛ガラスには国産原料が用いられている．また，7世紀後半の漏刻（水時計）跡として知られる水落遺跡で用いられた銅管は，愛媛県の別子鉱山かと推測されていたが（馬淵ほか，1995），別子よりもグラフの上寄りに離れて位置しており，むしろ香春岳産などである可能性のほうが高いように思われる．ともかくも，国産の原料と推測される．

その直前の状況は，鉛を用いる鉛釉陶器からうかがえる．たとえば，奈良県明日香村の川原寺の緑釉浮彫水波文塼や大阪府河南町の塚廻古墳の緑釉棺台などである．これらは最古の国産品の一群とみられるが，その分析によれば，朝鮮半島（百済か）産の鉛を用いている．国内での鉛の産出が進んでいない7世紀中頃寄りの時期では，朝鮮半島の原材料を用いて国内製品が作られていたことになる（高橋，2001b，2002；降幡，2015）．7世紀前半以前の鉛は基本的には国外産材料であり，そのような海外依存の体制から脱却するように7世紀後半から国内鉱業生産が盛んになっていくのである．その背後には，鉛の原料産地と同様に，半島系の渡来人が技術の供与をしていたのであろう．

（4）金属成分としてのスズ・アンチモン

鉛同位体比とは別の観点として，次に古代銭貨の成分組成分析の成果もみてみたい（図5.3）．古代銅銭は，他の青銅製品と同様に，銅のほか，スズや鉛などが主要な成分である．銅だけでは鋳造の際に湯流れ（溶銅の流れ）がよくないこと

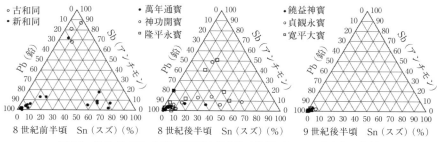

図5.3　スズ–鉛–アンチモン3元素の組成比（齋藤ほか，2002をもとに作成）

5.2 古代銭貨の金属原料

や強度の面などもあり，スズや鉛を混ぜて用いることが一般的である．ただし，古代銭貨をみると，アンチモンがかなりの量で含まれることがある．

アンチモンはあまり馴染みのない元素だが，一般に銀白色を呈した金属である．正倉院宝物中にも，このアンチモンが蔵されていて，2016（平成 28）年度の正倉院展でも展示がなされたことから，ご覧になられた方もおられるかもしれない．この正倉院宝物のアンチモンは，明治期において外観からスズの多い銅に当たる「白銅塊」という名称が付されていたが，1994 年に科学的な成分分析を試みた結果，精錬されたアンチモンであることが明らかになった．アンチモンとスズあるいは白銅などは肉眼では区別できないほどに似ているといえるだろう．

このアンチモンの使用についてみていく．日本最古の銅銭として先にも触れたが，7 世紀後半頃の富本銭は，基本的に銅−アンチモン合金であった．おそらく，スズなどと同様の意図のもとに銅合金としてアンチモンが加えられたものと推測される．そして，古和同と呼ばれているものも，われわれの分析では事例が少ないが，アンチモンが多く含まれているものがある．ところが，その他の銭貨ではアンチモンを含むものがきわめてまれになる．このことは，富本銭と古和同が非常に似通った成分組成を持っており，古和同がその名の通り和同開珎でも古い時期の銭貨であることを裏づけている．

また上記の点からは，銅製品の原料として，鉛やスズが一般的に使われるようになる以前の 7 世紀後半から 8 世紀初めにかけて，アンチモンが多用されていたといえそうである．このアンチモンの供給元としては，文献史料から伊予国（愛媛県）の可能性がある（『続日本紀』文武二（698）年七月乙酉（27 日）条）．愛媛県には西条市の市ノ川鉱山などアンチモンで有名な鉱山も存在している．

次にスズをみておくと，和同開珎では新和同で一般的な「正字」と呼ばれているものでは，かなりスズを多く含むことが一般的である．しかし，萬年通寶以降ではスズを十数％程度含むようなものがほとんどなくなってしまう．スズの使用は萬年通寶の発行段階において減少していたのである[2]．

銅にスズを混ぜると一般には固くなるが，多すぎると割れやすくもなり，色味は純銅が赤いのに対して，スズを加えると白くなる．たとえば鏡の場合は，白銅色ともいわれるように白く銀色に光るほうが姿見としてはふさわしいが，銭貨は必ずしも白さが求められるわけではなく，むしろ割れにくいほうがよい．そもそ

も日本ではスズの産出が少なく，入手のコストも高くなる．そのため，上記のように白さなどを不可欠な条件としない銭貨の鋳造において，湯流れの必要性のうえではスズよりも鉛に依存していくようになるのはごく自然の流れであろう．

ただし，萬年通寶以降でもスズを多く含む例がわずかであるが含まれている．そのような事例をみると，アンチモンの量が多いことも少なくなく，鉛同位体比も古和同にみられるようなグループⅠから外れた図の上側に分布していた（図5.1）．このことから，かつて筆者はアンチモンなどの多い古和同や新和同（ならびに富本銭）の旧銭を鋳つぶした可能性を想定した．しかしながら，後に森明彦から批判を受けたが（森, 2016），むしろ新和同より後の時期にもアンチモンをまれに付加することがあったとみるのが確かに自然である．

森の指摘のとおり，丹波から白鑞に似た金属が貢納された記事は興味深い（『続日本紀』天平神護二（766）年七月己卯（26日）条）．その金属の実態は不明だが，アンチモン（原鉱石の輝安鉱）であった可能性もある．また，先に触れた正倉院宝庫に納められていたアンチモンも，奈良時代中頃におそらく金属材料として用いる意図があったことを示すものであろう．

萬年銭以降でスズやアンチモンを伴うものは，特異な鉛同位体比を示すことから，長登や蔵目喜鉱山とは別の地から鉛を始めとする原料供給を受けていたものと推測される．おそらく長門以外で生産されていた銭貨の可能性が高いであろう．その原料産地は現状では不明である．上記の丹波など畿内周辺から供給されたのかもしれないが，後の時代のスズ鉱山として知られる宮崎県西臼杵郡日之影町の見立鉱山付近も候補の一つであろう．その付近ではアンチモンなども産出するようであり，また付近の大分県豊後大野市の尾平鉱山や宮崎県西臼杵郡高千穂町の土呂久鉱山などの鉛同位体比はやや近い値のものも含まれている．各地の鉱山遺跡の検討など，その全体的な実態の解明は今後の課題である[3]．

（5）金属成分としての鉛

次に，銅と鉛に着目すると，古代銭貨でも奈良時代頃のものは銅の成分比率が高いのに対して，後の平安時代になれば鉛の比率の高いものが増える（図5.4）．鉛は日本において比較的入手が容易な金属でもある．そのため，スズの減少に伴って鉛が増えていくだけでなく，銅資源そのものの枯渇により鉛が増えていくと

5.2 古代銭貨の金属原料

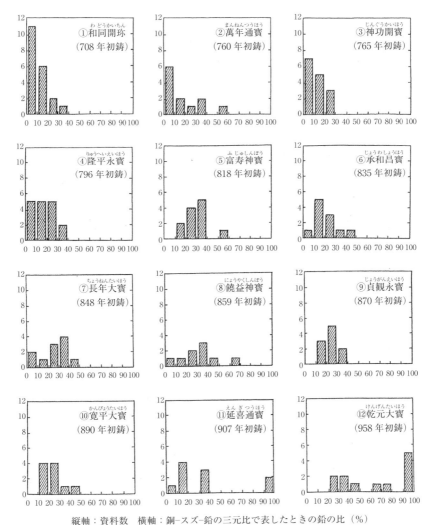

縦軸：資料数　横軸：銅-スズ-鉛の三元比で表したときの鉛の比（％）

図 5.4　銅-スズ-鉛 3 元素に占める鉛の組成比（齋藤ほか，2002 を一部改変）

いう対応がとられていくことになる．

　ただし，鉛の増加はかなり大雑把な傾向であるため，もう少し詳細をみていきたい．和同開珎より後の銭貨では，銅以外ではスズに替わって鉛が銭貨の主要成

132　第5章　理化学的分析と考古学からみた日本の銭貨生産

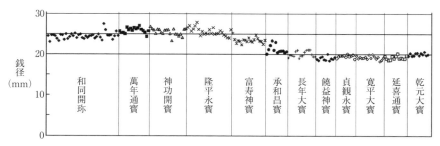

図5.5　古代銭貨の銭径（高橋, 2011を一部改変）

分になる．これまでも一般に，和同銭から時期が下るにつれて徐々に鉛が増えていくというように指摘されてきた．しかし，より詳細にみてみると，9世紀頃に発行された銭貨は銅・鉛の成分組成は比較的一定に保たれていることがわかる．

　実は同じようなことが，銭貨の大きさについても指摘できる．一般に奈良時代の銭貨は銭径が大きく，平安時代には小さいことから，銭貨の大きさは縮小していったというように把握されがちである．しかし，たとえば承和昌寳や長年大寳以降では，むしろ銭貨の径はかなり一定の大きさを保っており，時代とともに単純に縮小するのではない（図5.5）（高橋, 2011）．むしろ，承和昌寳あたりに新たな規格に落ち着くと，それを基本的に踏襲しようとしていたのである．銭貨原料の枯渇とともに，徐々に銭の大きさが小さくなり，質も順々に悪くなっていったと概括することは，厳密には必ずしも正しくないことになる．

　ところが，再び銭の質の話に戻ると，延喜通寳の段階以降に，金属組成においてほとんどが鉛である，いわゆる鉛銭というものが出現する（図5.4）．この背景については，銅の枯渇から最終的には銅を用いないような鉛銭に漸移的に変化するといった考えも出されていた．しかし，延喜通寳以前には，ある程度は銭の質が一定値を保っており，銅が60～80％，鉛が40％以下ぐらいになっていたのに対して，延喜通宝の段階に，いわば突如として，鉛がほぼ100％の銭貨が出現するのである．まったく銅を用いない段階はむしろかなり急激にやってきていることから，銅の枯渇が深刻だったかとみえてしまう．しかし，たとえば銅製の梵鐘を取り上げるならば，11・12世紀には極端に鋳造数が減少するが，10世紀には小型ながらも梵鐘の鋳造を確認できるので，鋳銭ができないほど銅が不足した状況ま

では考えにくい．また，徐々に鉛を増やしたわけではないので，少なくともある段階で急に鉛銭の発行に踏み切られたと評価できる（高橋，2005b）．

そこで注目すべきなのは，当時の日本とは交易相手として関係が深かった呉越国（唐の滅亡後，いわゆる五代十国時代の国の一つで，中国浙江省あたりに建国された）などの様相である．9世紀代の唐においては，私鋳銭が横行していたようであり，鉛銭や鉄銭などの発行は禁止されていた．ところが，907（天祐4）年の唐の滅亡後は，華南に割拠した諸国，いわゆる「十国」で種々の貨幣政策がとられ，銅原料の不足などから，たとえば福建省あたりの閩国では官鋳銭としての鉛銭の発行に踏み切られている．同じ時期の十国に含まれる呉越国においても，文献史料としては実態が不明ながら，出土資料からは鉛銭を多く確認できることから，鉛銭が実質的に容認されていたと考えるのがよい．

そこで改めて確認したいのは，50％以上の鉛を含む銭貨を作っていなかった日本において，唐が滅亡した時期頃に，急激に鉛銭が出現する点である．時期とその様相の一致は，単なる偶然とは思えない．証明は難しいのだが，おそらく，このような日本とも交渉のある呉越国などの銭貨情報が日本列島にもたらされたことは，十分に考えられるのではないだろうか．9世紀後半には遣唐使が派遣されなくなってはいるが，唐船は往来しており，その後も呉越国などと日本との密な交渉は存在していることからも，情報の入手が存在しなかったはずはない．安価な鉛で作られた銭貨の発行は，一般の使用に当たって受け取り手からの見た目にはさほどの変化はなく，国家財政の悪化を補う意味でも秘密裏に推進されたのではなかろうか（高橋，2005a, b）．それはまさに，文献にみえない政策の一面であり，日本古代の銭貨発行の末期的な様相を示している．

5.3　中世銭貨の金属原料

（1）経筒や鉛釉陶器からみた古代から中世

10世紀のうちに古代銭貨の発行は終焉を迎える．それにかわって，米や絹などが貨幣としての役割を担うことになるが，11・12世紀頃には中国などで鋳造された銭貨の輸入が始まり，次第にそれらを盛んに用いるようになる．したがって，日本の中世，11世紀から16世紀頃は渡来銭の時代ともいわれたりする．ただ，筆

者としてはむしろ日本側が積極的に中国銭などを持ち込んでいるので，輸入銭と言ったほうがよりよいのではないかと考えている（高橋，1998）．それはともかくとしても，中世はいわゆる公鋳銭不在の時代になり，表面的に日本で作られた銭貨の様相が追いにくい時期である．ただし，日本中世でも銭貨を鋳造していないわけではない．その点は後で触れることにして，日本古代の官銭が終焉した後，中国銭の流入も目立つようになるまでの様相について，銭貨以外の資料でも補いつつ少しみておくことにしたい．

まず，銭貨と同じ青銅製品に関しては，銅製経筒をもとにした平尾良光のまとまった研究があるので（原田，平尾，2006；平尾，2008），それを簡単に紹介しておきたい（図 5.6）．そこで主に対象とされた資料は，12 世紀代の紀年銘，すなわち年号を記した銅製経筒である．それらの鉛同位体比を測定すると，日本産の C の領域から，華南産の B の領域まで広がることが明らかになった．

このうちの華南産鉛とされるものに関しては，その広がりを評価するには，たとえば同時期に発行された中国の銭貨や銅製品，さらには鉱山資料などをもとに検討することが求められる．それは今後の課題とせざるを得ないが，中国銅銭の

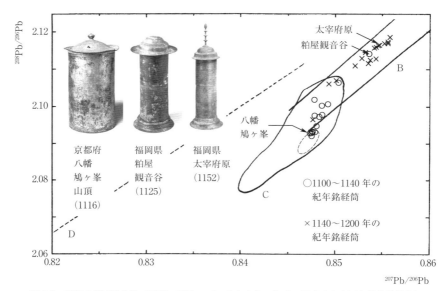

図 5.6 経筒の鉛同位体比（平尾，2008 のデータをもとに作成．写真は東京国立博物館提供）

流入に象徴されるように，中国の金属素材が日本にもたらされて製作された経筒と判断される．そして，同位体比のうちには日本産の範囲にあるものも確認でき，たとえばグループⅠとしたものに含まれる場合もある．中国からの輸入素材の一方で，やはり日本産の材料で作られたものも存在していたことがわかる[4]．

　非常に興味深いのは，平尾も指摘するように，時期によって経筒の原材料調達に差が出ている点である．具体的には，1100 年から 1140 年頃までの資料を分析すると，多くが日本産（あるいは混合材の可能性のある日本産領域のもの）であり，1140 年以降になると，多くが逆に中国産材料のものに替わってしまうのである．これは明らかに，中国からの原材料の流入が多くなってきたことを示しており，銭貨などもこの頃には中国から多量にもたらされていることと呼応する．

　このような変化の背景について，平尾は平氏の台頭後の日宋貿易による可能性を指摘している．ただ，清盛以前にも，すでに中国陶磁などが北部九州に大量に入ってきていることも重要であり，厳密にいえば，平氏の日宋貿易だけと結びつけることは必ずしも適切ではないように考えている．

　分析の事例から注目すべきは，1100 年から 1140 年の資料であっても，福岡県粕屋郡須恵町の観音谷経塚（1 号）の事例では，中国産の原料を用いている点である（図 5.6）．この経筒では銘に「宋人馮栄」がみえることからも北部九州へきていた中国系の人物との関係が深く，そのような北部九州では中国産原料を早い段階から入手して国産銅製品の材料に用いていたのである．このような流れの延長で，中国の陶磁器や銭貨に代表されるように中国産文物の流入も一段と増加し，青銅製品も全般的に中国産材料に依存していく傾向が進むのであろう．

　また一方で，同一時期のガラスや釉薬の原材料としての鉛にも注意が必要である（図 5.7）．11 世紀初め頃までは，国産鉛釉陶器においてもグループⅠがほとんどであったが，12 世紀頃とみられる緑釉円塔では日本産の C 領域のうちでも右上の端に位置している．それは対馬（対州鉱山）産とみられる値である．対馬産鉛は，福岡県大宰府市の宮ノ本遺跡から出土した鉛製売地券の事例など，9 世紀などからすでに用いられていたことは知られているが，12 世紀頃にはその活用がより広まっていったことになる．釉薬原料としての鉛は，古代から中世に変化すると，原料産地に差が出ているのである．

　また，ガラスについても，11 世紀後半頃の北部九州などには，これまでの鉛ガ

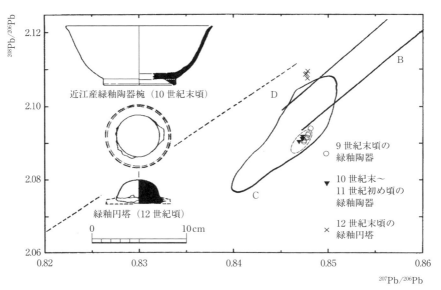

図 5.7 緑釉陶器の鉛同位体比（齋藤，2012a のデータをもとに作成．図は京大埋文，2000：23，1999：50 をもとに一部改変）

ラスに替わってカリ鉛ガラスが中国などからもたらされるようになる．もちろんその製品は中国産なので，原料も中国産である．しかし，博多などから出土する 12 世紀頃のガラスの中には，先の釉薬と同じような C 領域のうちでも右上の端を示すものも認められるようになる．このことからも，対馬での鉛が活用されて国産化もされていくようになることが推測される．

　長登をはじめ 10 世紀まで維持されていた国内の鉱業生産体制は，11 世紀には崩れていく．それは，もちろん既存鉱山での資源の枯渇とも連関するはずである．しかし，古代の官銭の発行とも軌を一にするような動きであり，古代の銅や鉛の生産が官営の体制に依存していたために減産に至った可能性も考慮が必要であろう．その一方で，11・12 世紀以降に中国産の原料が多量に輸入されるとともに，これまでの官銭ではほとんど用いられていなかった対馬など，国内でも長門以外での鉛あるいは銅の産出品が用いられていくのであろう．

　なお，先に触れた 8〜10 世紀頃の鉛釉陶器の場合は，同時期の銭貨に比べると，いつの時期をとっても非常にまとまりがよい（図 5.7）．その理由は，いくつか考

えられるが，釉薬の場合では古い釉薬をそぎとって再利用するようなことは，胎土と混じってしまうので，釉の質を保つためにも行なわれることはまず考えられない．それに対して，銭貨などの青銅原料は鋳つぶして再利用される可能性が常にあり，その中で多様な時期の材料が混じる可能性がある．その点でも，原材料利用の歴史を考えるには，青銅器なら青銅器だけを行なえばよいのではなく，多様な資料からのアプローチが，実のところ重要なのである．

(2) 模鋳銭の鉛同位体比分析

さて，上記のような中国産材料の流入は，何度も記すとおり中国銭の大量流入と呼応している．しかしその一方で，中世でも後半代に入ると，日本列島各地の遺跡から銭貨の鋳型が出土しており，公的な形ではないとしても各地で銭貨が鋳造されている．それらの多くは，流通する中国銭（中国本銭）などを母銭（原型）として鋳造（鋳写）されたもので，模鋳銭あるいは鋳写銭と呼ばれている．模鋳銭は本銭に比べて，わずかに径も小さい．文字もより不鮮明で，背面の凹凸も少なくなっている．中には文字が読み取れないようなものもある．

われわれが分析に用いたのはコレクション資料であるため，鋳写銭であることが確かであっても，出土地さえわからないのであるから，日本で作られたものか，中国で鋳写しされたものか，鋳造時期も含めて，まったく不明である．ただ，そのような産地や年代の識別はひとまず抜きにして，明らかな模鋳銭（銭幣館コレクションとしてはおもに日本の鋳写銭と推定しているもの）の鉛同位体比を分析してみた．その結果を全体的にみると，ばらつきを持ちながらもおおむね日本から中国華南の範囲に分布していることがわかる（図 5.8）．先にみた経筒の分布ともよく似た傾向にあり，日本の中世初期ともかけ離れていない結果である．

ところが，模鋳銭のうち明銭の永楽通寶（本銭の初鋳年は 1408 年）を鋳写ししたものに着目してみると，鉛同位体比分析したもののほとんどが日本の鉛同位体比の範囲にあった（図 5.8）．永楽通寶は，日本に持ち込まれることの多い銭種だが，中国ではどれほど実際に通用していたかが疑問とされることもある．しかし，たとえば 1456（景泰 7）年に北京で大量の私鋳の永楽通寶が発覚したとされる（『明実録』景泰七年七月甲申条）など，中国でも偽造されるだけの流通があったことは間違いない（黒田，2007）．それにもかかわらず，分析した永楽通寶の鋳写銭で

138　第5章　理化学的分析と考古学からみた日本の銭貨生産

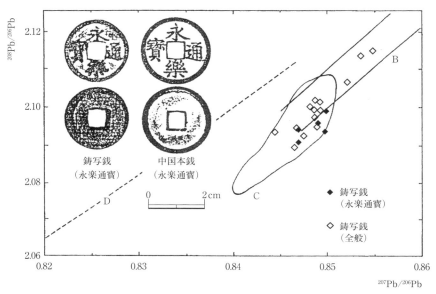

図 5.8 中世銭貨（鋳写銭）の鉛同位体比（齋藤ほか，1998 をもとに作成）

は，ほとんどが日本産原料によるものであった．永楽銭は日本では東国でとりわけ出土が目立ち，そこではむしろ重視された可能性さえあるため，永楽銭が鋳写される必然性も高い．実際，茨城県東海村の村松白根遺跡では永楽通寶の枝銭（堰と呼ばれる鋳込み時の痕跡が残った，製造途中の銭貨）が出土している．つまり，永楽銭の模鋳銭の分析結果は，中国での模鋳も考慮すべきだが，日本で永楽銭の模鋳される比率がかなり高かったことをうかがわせるのである[5]．

　先に経筒の分析結果から述べたように，12世紀後半段階ではほとんどが中国産の原料に頼ることと対比すると，永楽通寶を模鋳した15～16世紀の段階では，模鋳銭において逆に日本産の原料を多く用いていたことになる．詳細は今後の課題であるが，13世紀中頃に作られた鎌倉大仏は輸入された材料によるものとみられ，中国産鉛を用いている．鎌倉の今小路西遺跡では模鋳銭が作られていたが，そこから出土した15世紀初め頃の銅製品類の分析結果をみると，明らかに日本産鉛の範囲から逸脱している．これらからみても，日本の中世では基本的に中国の原材料による模鋳銭であったのに対し，15世紀中頃か遅くとも16世紀頃には日

5.3 中世銭貨の金属原料　　　　　　　　　　　　　139

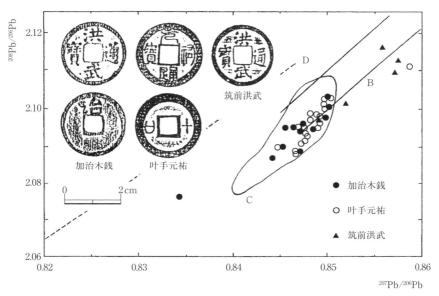

図 5.9　中世銭貨（加治木銭等）の鉛同位体比（齋藤ほか，1998 をもとに作成）

本産の青銅原料が入手しやすい状況に替わっていたものと推測される．

　日本中世から近世には，一般的な模鋳銭以外にも日本で製作されたとされる銭貨が存在する（図 5.9）．その中で比較的著名なものに，加治木銭がある．これは鋳写しを基本とするのだが，背面に「加」「治」「木」のいずれか一字を加えて鋳出しており，鹿児島県の加治木地方（現在の姶良市付近）で作られたとみなされている．製造時期としては 16 世紀末〜17 世紀前半頃を中心とする年代が与えられ，中世末期から近世初期頃の模鋳銭の一種に位置づけられる．この加治木銭を分析すると，基本的に日本の鉛同位体の範囲に分布しており，日本製であることを再確認できる．永楽銭の鋳写銭においても確認できたように，中世でも新しい時期には日本産の原料を多く用いているものとみてよいであろう．

　また，加治木銭とほぼ同時期の鋳造とみなせる銭貨に叶手元祐がある．これは，背面の郭（四角の穴）を挟んで左に「口」右に「十」を鋳出していて「叶」と読めることから名づけられたものである．銭文には元祐通寶（本銭は中国銭）が多く，それに類する銭貨群も叶手元祐と総称している．その鉛同位体比はほとんど

が日本の鉛の範疇に分布し，叶手元祐も日本製原料であることを示している．

　加治木銭や叶手元祐では鉛同位体比がばらつくが，値の集中する箇所も確認できる．それは先にも触れた生野鉱山産鉛や，後述する備前産原料によるものとみられる寛永通寳（古寛永）のデータとも近似している．中国山地周辺での鉛鉱山が，この当時の一つの有力産地であったことが推測される．また，加治木銭や叶手元祐の鉛同位体比では日本の範囲からはずれるものがわずかながら存在するが，中国の一般的な範囲に含まれるものが確認できない．中世末の日本では従来の中国の鉛や銅の素材がすでにあまり流通していない地域も多かったのだろう．

　この他に筑前洪武と呼ばれるものがある．洪武通寳の銭文を持ち，洪武通寳の鋳写しを基本にしながら，輪の内側を削るなど，部分的に加工を施した銭貨である．ただし，筑前で鋳造されたものかは定かでない．この筑前洪武の鉛同位体比は，同じ洪武通寳の銭文を持つ加治木銭とは異なっている．その値は，中国の華南の範囲付近にばらつきながらも，中国産鉛の同位体比から逸脱するものが多い．戦国期には東南アジアなど中国以外の海外産の鉛が流入することも指摘されているが，いまのところそれらと完全に一致するものではないようである．このことからみると，日本産から逸脱する値の鉛は，一案として香春岳などの特殊な分布を示す日本の鉱山のものである可能性がある．そうなると，筑前洪武の呼称もあながち的はずれではないかもしれない．いずれにせよ，今後の詳細な検討が必要な課題である．

5.4　近世銭貨の金属原料

(1)「古寛永」の鉛同位体比分析

　日本の近世では，江戸時代の初めになると，寛永通寳が発行される．寛永通寳は，当初に一文銭の銅銭であったのが，後に鉄銭，さらに四文銭の真鍮銭と鉄銭なども発行されている．以下では，鉛の同位体比分析の対象となる一文銅銭を主な対象として取り上げたい．ただし，寛永通寳の他にも，輸出用銅銭として鋳造された，いわゆる長崎貿易銭が著名であるため，これについても言及する．

　寛永通寳の最も古い段階のものは，1637（寛永14）年～1640（寛永17）年に鋳造されたもので，「古寛永」と呼ばれる．古寛永は各地で鋳造されたが，銭貨に鋳造

5.4 近世銭貨の金属原料

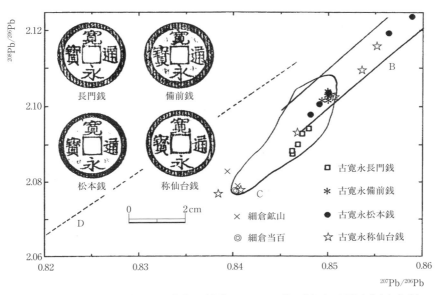

図 5.10　近世銭貨（古寛永）の鉛同位体比（齋藤ほか，2000；佐々木ほか，1982 をもとに作成）

場所が記されていないため，銭文を細かく分類して，それぞれに鋳造地を当てはめることが古くから行なわれてきた．それらは必ずしも確実な論拠があるわけではなかったが，発掘調査などにより鋳銭地の蓋然性が高まった古寛永もあるため，それらの鉛同位体比分析結果からみていきたい（図 5.10）．

　長門で鋳造された寛永銭（長門銭）については，山口県美祢市の銭屋遺跡の発掘調査も行なわれており，異永・麗書と呼ばれるものが長門銭に当てられている．それを分析した結果，山口県内の桜郷鉱山や長登鉱山のデータにほぼ対応した．長門銭は山口県内の鉱山から原材料供給を受けていたと考えられる．

　備前銭に関しては，岡山市の二日市遺跡，すなわち岡山銭座が調査されており，そこから出土した鋳放し銭に縮寛と呼ばれる銭文のものが認められる．その鉛同位体比は集中しており，近似するのは但馬の生野鉱山だが，完全に一致するわけではない．備中の吉岡・小泉鉱山や摂津の多田鉱山なども候補としてあげられ，少なくとも生野鉱山など中国山地に位置する岡山近隣の鉱山から鉛や銅の供給を受けていたのだろう．このように，長門銭と備前銭は，鋳銭所に比較的近接した

鉱山から原材料供給を受けていたとみられる.

これらと異なる様相を示すのは, 古寛永の松本銭や水戸銭である. 松本銭とみられる斜寶系を取り上げると, その鉛同位体比は, 必ずしも分析値が集中しない. 比較的分布が集中する値の産地としては, 生野鉱山など近畿・中国地方の鉱山が候補になる. また, 水戸銭を鋳造したとされる水戸向井町銭座跡からの収集品などを分析すると, 松本銭以上にばらつきが大きく, 複数の鉱山の原材料を用いていたものと推測される. 生野鉱山など近畿周辺の鉱山を示すデータが多いことからすると, 西日本が銅や鉛の鉱山の主力であったとみられ, 東日本における古寛永の鋳銭では各地から原料が寄せ集められていた可能性が高い.

続いて, 鋳造地比定の根拠に乏しいが, 仙台銭とされてきた銭貨(称仙台銭とする)をみてみる. 鉛同位体比の数値はばらつきを示すが, 跛寶降通と分類されるものに限定してみると, C領域の範囲の左下隅ならびにそこから左外に少しはみ出すものなど特徴的なデータがあり, それは, 日本国内の鉱床では宮城県栗駒市の細倉鉱山のデータに比較的近似する. 近世において細倉鉱山の鉛を用いて鋳造されたことが確実な鉛銭, 「細倉當百」の鉛同位対比も, この細倉鉱山のデータと一致する. この点からすると, 跛寶降通の原料鉛には, 細倉鉱山からの原料を用いていたものがあったと判断するのがよいであろう.

古寛永の鋳造地で東北地方に位置するのは仙台のみであり, 仙台に近い鋳造地である水戸銭をみても細倉鉱山の鉛のデータは含まれていないことから, この跛寶降通は仙台で鋳造されていたものと推測される. 跛寶降通は, 分析結果から仙台銭とすることが最も妥当な銭貨と結論づけられよう.

仙台の銭座は, 古寛永段階では栗原郡三迫と記されており, 三迫川最上流域の沼倉(現在の宮城県栗駒市)に設けられたものと指摘されている. 沼倉には, 鋳銭の地名が現在に伝わる. 沼倉は細倉鉱山ときわめて近接する地に位置しており, 鉛同位体比分析結果から判断すれば, 仙台藩内の細倉鉱山の鉱山資源を利用するがために, 内陸山間部に位置する三迫の沼倉が選地されたと推断できよう.

(2)「新寛永」と長崎貿易銭の鉛同位体比分析

次に, 背文として「文」字を持つ文銭をみていきたい(図 5.11). 文銭は, 1668(寛文 8)年〜1683(天和 3)年まで江戸・亀戸のみで鋳造されていた. 「文」字は

5.4 近世銭貨の金属原料　　　143

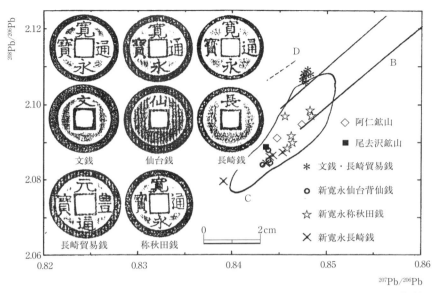

図5.11 近世銭貨（新寛永等）の鉛同位体比（齋藤ほか，2000；佐々木ほか，1982をもとに作成）

「寛文」に由来するという．それと時期的に近い1660（万治3）年から1685（貞享2）年に鋳造されていたのが，長崎貿易銭である．長崎貿易銭は，長崎の中島銭座で鋳造された輸出用の銅銭で，元豊通寳などの宋銭の銭文を持つ．

この文銭と長崎貿易銭の鉛同位体比分析結果は，いずれもほぼ同じ値に集中しており，ともに対馬の対州鉱山から鉛が供給されていた可能性が高い．長崎貿易銭については，対州鉱山が長崎から最も近接する鉱山の一つであり，そこからの鉛供給はきわめて自然である．一方の文銭は江戸の鋳造であり，原料の運搬費用がかさむことになる．しかしながら，当時の対州鉱山は生産の最盛期であり，江戸銭座と対馬との関係をうかがわせる文献史料も存在していることから，双方の特殊な結び付きがこのような原料供給を実現させたのであろう．

この文銭でよく取り上げられるのは，1662（寛文2）年の震災で損壊した京都・方広寺大仏の銅を用いたという説である．方広寺は豊臣秀頼により1612（慶長17）年に再建が完了しており，寛文に被災した大仏は，中世模鋳銭や古寛永からすると，生野を始めとした近畿〜中国地方周辺の原料を用いていたものと推測される．

一方，文銭は分析例では対州鉱山の鉛を用いており，たとえ鋳銭に大仏の銅を用いたとしても，それはごく一部にすぎなかったと判断できる．

文銭の後に各地で鋳造されたのが，新寛永である（図5.11）．たとえば，背面に「仙」という字を持つ新寛永は，仙台，より具体的には陸奥国牡鹿郡石巻で1728（享保13）年から安政期頃にかけて鋳銭が行なわれていた銭貨である．この仙台背仙銭の鉛同位体比は，集中した値を示しているが，宮城県内の細倉鉱山ではなく，秋田県など宮城県以外の東北の諸鉱山に近似した値を見いだすことができる．

史料からは，1726（享保11）年に領内産銅のみで鋳造することを条件に認可されており，後に他領の銅の買い入れを禁止されて鋳銭が中止に追いやられたりしている．鉛については買い入れ禁止対象ではないであろうから，今回の分析結果も矛盾する結果ではないが，銅も鉛も他領に依存しなければ鋳銭が存立できない仙台領の鉱山事情を窺い知ることができる．鋳銭地が古寛永段階の三迫より石巻に移ったことについても，細倉鉱山の産出量が必ずしも潤沢ではなく，他山からの原料供給に依存しなければならなくなった状況を見逃すことはできない．

称秋田銭とされる新寛永は，永字の末尾が屈曲して跳ね上がる独特の銭文を持つが，背文を持たないため秋田で鋳造されたかは不明である．称秋田銭の鉛同位体比は，若干の例外を除くと，比較的集中する．秋田において鋳銭に用いられた鉛は，秋田領内より買い上げられており，1742（寛保2）年段階には大沢山・小沢山を始め10か所があげられている．このうち大沢山・小沢山は阿仁鉱山内の鉛山である．阿仁鉱山のデータは，称秋田銭とぴったりと一致するわけではないが，かなり近い値を示している．ただし，現在では同じ秋田県内だが，南部領に属する尾去沢鉱山と比較すると，阿仁鉱山より差異が大きくなる．つまり，秋田領の阿仁鉱山におおむね近似しており，この称秋田銭は秋田鋳造の可能性が高い．

より新しい明和期以降の新寛永として，長崎銭がある．背面に「長」が鋳出されており，1767（明和4）年から鋳造を開始したとされている．この長崎銭の鉛同位体比は，厳密に鉱山は特定できない．ただ，海外向けの長崎御用銅は全国各地から大坂に集められ長崎にもたらされていたが，その中で明和段階に最も多くの量を占めるのは出羽・陸奥の産品である．長崎御用銅は重要な輸出品目であることから，鋳銭材料に回されるものではなかったが，当該期の鉱山として東北が最も盛んな操業を行なっていたことは間違いない．そして，鉛については海外向け

の需要とは別なので，当該期の最大の鉛山が操業する東北の鉛でまかなわれていても不思議はない．鉛同位体比でも尾去沢鉱山などとも近い値を示しており，東北地方の諸鉱山の鉛を用いていた可能性は十分に高いであろう．

ここではその他の分析事例を省略するが，通例の新寛永では文銭鋳造時期と異なり，対馬の対州鉱山に相当する鉛同位体比を示す資料がみえない．対州鉱山は，元禄期以降次第に疲弊し，1737(元文2)年には閉山したとされるため，まさしくこれに対応する状況である．また，文銭以前と異なり，この頃に東日本の各鉱山が操業を活発化させていたとみられる．東日本に多くの銭座が立地する背景にも，東日本における採鉱活動の隆盛があったものと判断できるであろう[6]．

5.5　現在の到達点と今後の課題

(1) 銭貨からみた原料調達の変遷過程

以上，鉛同位体比や成分組成などの分析調査から，日本銭貨史の一端を解き明かす成果の一部を列挙してきた．科学的分析結果をみてみると，これまでの文献史や考古学あるいは古銭学の諸成果に対し，裏づけを与えたり見直しを迫ったりする，多くの材料を提供しうることがわかる．もちろん理化学的分析も万能ではなく，種々の共同作業による検証が必要ではあるが，そのような分析は未知の史実を今後ますます明らかにする潜在能力を秘めているのである．

最後に，鉛原料の調達という側面のみながら簡単に振り返ると，日本古代銭貨では，長門の長登鉱山ならびに蔵目喜鉱山周辺産の鉛の使用が圧倒的であることが判明し，長門とともに鋳銭用鉛貢納国である豊前から産出された鉛の使用はむしろ少なかった．『延喜式』の記載内容と実態には離齬をきたしている可能性が強い．また，長登の開窯以前にも，7世紀後葉から長門の於福鉱山や豊前の香春岳での生産が行なわれていたが，それ以前には国内の鉱山が開発されておらず，百済など朝鮮半島を経由して調達されていたものと推測される．

日本中世では，経塚などの資料から12世紀中頃には中国産鉛（青銅製品）が多量に流入していたと推測され，その後はその状況が継続する．ところが，15世紀代以降には中国産鉛の使用が急減し，ごく一部ながら中国以外の海外産鉛も用いられるが，基本的には西日本を中心とする国産鉛が使われるようになっていくも

のと想定される．そこには，国内鉱業生産や鉛輸入の変動などを窺い知ることが
できる．

　日本近世銭貨をみてみると，古寛永段階（17世紀前半）では鋳銭地近隣の鉱山
から原料が供給されるのが基本であるが，特に東日本の鋳銭所で西日本産の鉛の
供給を受けており，中世から継続する西日本優位の鉛採鉱活動を示唆する．しか
し，文銭の鋳造期（17世紀後半）には，文銭も長崎貿易銭も原料鉛は対馬の対州
鉱山から供給された．それは，対州鉱山が銀生産に伴う余剰の鉛を抱え，全国的
にみて当該期に生産量が抜きんでていたことと，文銭の場合には幕府による一元
生産が鉛の一括遠距離入手を可能にした側面とが想定される．

　さらに，近世銭貨のうちでも通有の新寛永（18世紀）以降は，各地からの原料
鉛の供給によっているが，次第に東北地方など東日本での鉛に依存していくよう
になるものと判断される．17世紀段階とは異なり，西日本に対する東日本の鉱山
の活況を裏づけるものである．

　このように，銭貨には年代や産地が特定できるものが含まれているため，日本
の8世紀～18世紀にわたる鉛の生産・流通の実態を歴史的あるいは地域的に追い
かけるうえで，基準ともなる資料を得られたのである．

(2) 研究の今後と残された課題

　本章で記した内容は，その多くがこれまでに齋藤努を中心として試みられてき
た共同研究の際の成果である．ただ，現在では新たな動きも始まっている．たと
えば，齋藤による分析の機器も更新され，精度が高まったことから，純銅に近く
鉛が微量のもので，これまで分析ができなかったものでも可能になりつつある．
これまでよりも精度の高い産地推定作業が実現される可能性がある．

　また，歴博や山口大学・山口学研究センターなどを中心として，古代銭貨生産
を行なっていた周防鋳銭司に関するプロジェクトも動き出しつつあり，それらで
も鉱山資料の集積や，新たな発掘資料による分析も進められる予定である．また
長登鉱山の再調査については記したとおりであり，他にも長門鋳銭所跡も天平木
簡を含む鋳銭関係資料の出土など，新たな成果が出てきている．銭貨研究の新た
な研究が始まる機運が高まりつつあるように思われる．

　もちろん，上記のような新たな資料や分析技術による研究の深化だけではなく，

銭貨の科学的な分析研究対象としても，まだまだ他に課題は少なくない．具体的な対象としては，寛永通寶における銭文の微差などを必ずしも網羅してはいない．しかも，日本中世に大量にもたらされた中国などの海外における銭貨の状況もまた重要ながら，未検討対象が多い．さらには，銭貨はやや特殊な状況下の製品であることからも，銭貨以外の銅製品を対象にした分析も必要である．本書にもある銅鉢はそのような対象の一つであるが，そのほか鏡など種々の製品の検討により別の側面も明らかになる可能性を秘めている．

とりわけわれわれが分析対象とした銭貨はコレクション資料であることから，出土情報が含まれていない制約が存在した．中世では一般的な銭貨は中国銭貨であったが，日本の鋳写銭が存在したため，それらを明確に位置づけるには出土地の明確な資料による検証が不可欠である．近世銭貨でも，地域ごとの出土銭貨をもとに検討すれば，産地差と流通状況などを導く可能性を秘めている．

そのためには，サンプリングできる試料の提供が不可欠になってくる．現在進行中のプロジェクトが新たな知見をもたらすはずであるが，各地の発掘調査品によるさらなる分析も必須である．新しい時代の資料では旧家や博物館・資料館で所蔵する歴史資料も重要な分析対象になるだろう．さらには，鉱山資料などもより悉皆的な比較試料の充実が望まれるはずである．埋蔵文化財調査機関あるいは資料等保管機関，さらには各種の研究者などの協力により，いままで以上に分析データを蓄積することが，新たな視界を開くといってよいであろう．

注

1) 古代銭貨の分析学的な研究の成果に関しては，すでに齋藤による一般書が公刊されている（齋藤，2012b）．ここではそれらの成果とも重複するが，古代から中世に関しては，後の知見などにより補足的な検討を加えるとともに，齋藤の著書ではあまり取り上げられていない中近世にも言及する．

2) 新和同のうち「跳和同」や「昂口和」と呼ばれる特殊な字体のものは，金属組成の中でスズがほとんど含まれず，鉛の比率が10〜30％程度と非常に大きい．文字通り銭文にハネが加わる「跳和同」などに関しては，贋金なども考慮したが，それほどまでに径が小さいわけでもなく，異常な成分組成でもない．また，長岡京などで出土していることもふまえつつ，筆者らの旧稿（齋藤ほか，2002）では，ややぼかした表現ながら和同開珎の中でも鋳造時期が新しいものとみなした．それに対して，永井久美男氏は平城京跡からの出土がみられないことなどをより積極的に評価し，「跳和同」が神功開宝の鋳銭期に発行されたという見解を示

している（永井，2017）．出土比率による判断には，厳密にはさらなる一括出土などによる検証が必要であろうが，確かに和同開珎と万年通寶や神功開寶が等価として認められた段階では，その中でもやや銭径が小さい和同銭を公鋳銭として発行することは差益を生むため，十分にその時期に発行されたことは想定されてよいだろう．そこで改めて成分分析結果を検討してみると，神功開寶の中でも鉛の比率には差があり，一般的な「長刀」なども「跳和同」に比較的近いが，とりわけ「力功」とされる特殊な字体のものは非常に鉛が多く，「跳和同」の成分比に酷似する．しかも「跳和同」「力功」などは，一般的な字体にわずかに改変が加わる点でも共通する様相があり，近い時期に発行されたとしても大きな矛盾はないだろう．神功開寶の「力功」は，同じ神功開寶の「大様」よりは銭径が明らかに小さい一方で，「長刀」の神功開寶に近い．ただ細かく見ると，「力功」は「長刀」より銭径としてやや大きい場合が多いものの，重量としてはむしろ軽いものが目立つようである．神功開寶の「大様」や「中様」などは，一般に新和同と同様の「隷開」であり，その大きさからも旧銭よりも十倍の価値を与えられる神功銭の発行開始期のものと判断される．その後に旧銭と等価となった段階では，神功銭の銭径も十倍価の銭質を維持する必要もなく縮小したはずであり，「大様」などと同じ「功」字に「刀」を用いながらも径が縮小した「長刀」などが発行されたのであろう．そして銭文や重量の変化を重視すれば，「力功」は神功開寶でもさらに新しい発行時期の可能性がある．もちろん厳密には今後の検証を要するが，より具体的に年代を絞り込むならば，鋳銭事業が一時中断した後に再開した790年（延暦9）の鋳銭司の復置以降が候補となる．その頃に，以前の銭文に差違が加わる「力功神功」さらには「跳和同」などが発行されていることも仮説としては提示できるのではないだろうか．

3) 鉛同位体比が領域Ⅰをはずれる万年銭以降の銭貨には，やや特異なものも含まれている．たとえば，ある神功開寶（齋藤ほか，2002：通し番号71）は背面の凹凸が少なく，銭文も通例と異なるものであるため，当該期の銭貨かは問題が大きい．他でも，長年大寶（齋藤ほか，2002：通し番号141）は他の長年銭より小ぶりである．字形としては変わりがないため，流通していた銭貨をもとに型取りして鋳込んだ鋳写銭の可能性がある．このように特異な数値を示す銭貨には問題を有するものを含む点を念のため指摘しておきたい．なお，この他の金属成分として，鉄の問題についてもかつて言及しており，その成分の由来として硫化銅の利用に言及した．しかし，含銅褐鉄鉱の利用を考えるべきであるため，ここに修正しておく．なお，九州大学名誉教授の井澤英二先生に種々のご教示を得た．ここに記して御礼を申し上げたい．

4) 経筒のデータは，日本産の中でもグループⅠよりは右上の方向に広がりをみせているため，平尾良光は日本産のものと華南産のものを混合して製作した可能性を推測している．その可能性は確かにあるが，平尾が混合材料と判断したものの成分比のうち，スズの濃度をみると，スズの多い中国産材料とスズの少ない日本産材料の中間的な値をとるもの（確実な混合材料）だけでなく，日本産の材料とほぼ同じか，むしろそれよりもスズが少ないものも認められる．それらは，むしろグループⅠなどとは異なる日本の材料を用いていた可能性も考慮すべきかもしれない．すべて混合材料かは，もう少し検討が求められるように思われる．

5) われわれの調査では模鋳銭の成分分析を行なえなかったが，模鋳銭も含む永楽通寶については，出土事例の成分分析も行なわれている（堀木，鈴木，2014ほか）．そこでは，スズが非常に少なく，純銅に近いものなどが模鋳銭に多い点の指摘もなされている．鉛同位体比と組

み合わせ，さらなる実態解明が望まれる.

6) 日本近世銭貨の成分分析や法量の比較検討については，高橋（2001c）でも検討した．紙数
の関係で触れないが，参照されたい.

参考文献

京都大学埋蔵文化財研究センター（1999）京都大学構内遺跡調査研究年報，1995年度.

京都大学埋蔵文化財研究センター（2000）京都大学構内遺跡調査研究年報，1996年度.

黒田明伸（2007）東アジア貨幣史の中の中世後期日本．貨幣の地域史—中世から近世へ，pp.7-
42，岩波書店.

齋藤　努（2001）日本の銭貨の鉛同位体比分析．国立歴史民俗博物館研究報告，第86集，pp.65-
129.

齋藤　努（2010）日韓青銅器の鉛同位体比測定結果．国立歴史民俗博物館研究報告，第158集，
pp.213-230.

齋藤　努（2012a）大谷3号窯出土緑釉陶器・坩堝等の理科学的分析—坩堝の成分分析と緑釉陶
器等の鉛同位体比分析—．篠窯跡群大谷3号窯の研究〈大阪大学文学研究科考古学研究報告
第5冊〉（大阪大学考古学研究室篠窯調査団），pp.293-296，真陽社.

齋藤　努（2012b）金属が語る日本史：銭貨・日本刀・鉄炮（歴史文化ライブラリー355），吉川
弘文館.

齋藤　努，高橋照彦（1997）古代銭貨—「皇朝十二銭」—の化学分析．お金の玉手箱−銭貨の列
島2000年史—（展示図録），pp.105-109，国立歴史民俗博物館.

齋藤　努，高橋照彦，西川裕一（1998）中世〜近世初期の模鋳銭に関する理化学的研究．金融研
究，17巻3号，pp.83-130.

齋藤　努，高橋照彦，西川裕一（2000）近世銭貨に関する理化学的研究—寛永通寳と長崎貿易銭
の鉛同位体比分析—．*IMES Discussion Paper Series*，No.2000-J-1，pp.1-76，日本銀行金
融研究所.

齋藤　努，高橋照彦，西川裕一（2002）古代銭貨に関する理化学的研究—「皇朝十二銭」の鉛同
位体比分析および金属組成分析—．*IMES Discussion Paper Series*，No.2002-J-30，pp.1-92，
日本銀行金融研究所.

佐々木昭，佐藤和郎，G・L・カミング（1982）日本列島の鉱床鉛同位体比．鉱山地質，32巻6号，
pp.457-475.

高橋照彦（1998）銭貨の流通—古代から近世—．お金の不思議（国立歴史民俗博物館編），pp.219-
241，山川出版社.

高橋照彦（2001a）日本における銭貨生産と原料調達．国立歴史民俗博物館研究報告，第86集，
pp.131-184.

高橋照彦（2001b）三彩・緑釉陶器の化学分析結果に関する一考察．国立歴史民俗博物館研究報
告，第86集 pp.209-232.

高橋照彦（2001c）近世銭貨の生産と法量規格—寛永通寳と長崎貿易銭の計測的研究—．鹿園雑
集，第2・3合併号，pp.1-37，奈良国立博物館.

高橋照彦（2002）日本古代における三彩・緑釉陶の歴史的特質．国立歴史民俗博物館研究報告，第 94 集，pp.371-407.

高橋照彦（2005a）古代銭貨をめぐる諸問題．考古学ジャーナル，No.526，pp.10-14.

高橋照彦（2005b）銭貨と陶磁器からみた日中間交流―日本古代銭貨の発行を主な検討材料として―．中国沿海地帯と日本の文物交流の研究―港・船と物・心の交流―〈シルクロード学研究 23〉，pp.75-112，シルクロード学研究センター．

高橋照彦（2009）平安時代の銭貨―銭貨の粗悪化をめぐって―．出土銭貨研究の課題と展望（次山　淳・松村恵司編），pp.1241-1249，奈良文化財研究所．

高橋照彦（2011）銭貨と土器からみた仁明朝．仁明朝史の研究―承和転換期とその周辺―（角田文衞監修，財団法人古代學協會編），pp.141-188，思文閣出版．

永井久美男（2017）日本古代銭「跳和同」と長岡京―和同開珎の再鋳銭―．出土銭貨，第 37 号，pp.3-34.

原田一敏，平尾良光（2006）東京国立博物館所蔵経筒の科学的研究―蛍光 X 線分析・鉛同位体比分析―．東京国立博物館紀要，41 号，pp.152-250.

平尾良光（2008）材料が語る中世―鉛同位体比測定から見た経筒―．経筒が語る中世の世界（別府大学文化財研究所企画シリーズ①「ヒトとモノと環境が語る」（小田富士雄，平尾良光，飯沼賢司編）），pp.27-33，思文閣出版．

降幡順子（2015）物性から探る古代鉛釉陶器および鉛ガラスの国内生産へ向けた技術的要件（博士学位論文）．

堀木真美子，鈴木正貴（2014）豊田市乙ヶ林出土銭の蛍光 X 線分析．愛知県埋蔵文化財センター研究紀要，15 号，pp.53-62.

馬淵久夫, 平尾良光（1987）東アジア鉛鉱石の鉛同位体比―青銅器との関連を中心に―．考古学雑誌，73 巻 2 号，pp.71-82.

馬淵久夫，平尾良光，佐藤晴治，緑川典子，井垣謙三（1983）古代東アジア銅貨の鉛同位体比．考古学と自然科学，15 号，pp.23-39.

馬淵久夫，平尾良光，泉谷明人，木村　幹（1995）鉛同位体比による水落遺跡出土銅管の原料産地確定．飛鳥・藤原宮発掘調査報告Ⅳ―飛鳥水落遺跡の調査―，pp.143-150，奈良国立文化財研究所．

森　明彦（2016）日本古代貨幣制度史の研究，塙書房．

事 項 索 引

ア 行

アーキオマテリアルズ　1
アーキオメトリー　1
アンチモン　51, 129

鋳写銭　137
イオン化　15
イオン強度　15
鋳型　62
　欅本型　60
鋳放し銭　141

雲珠　109
馬形帯鉤　20, 99

永楽銭（永楽通寶）　137, 139
枝銭　138
『延喜式』　121
延喜通寶　132
円形方孔　119
鉛釉陶器　120

横帯優先　57
大岩山銅鐸　43
大川天顕堂　120
太田黒田鐸　62
岡山銭座　141
沃川褶曲帯　26

カ 行

錺　88

外縁付鈕式　44
　外縁付鈕Ⅱ式　24
外向鋸歯文　57
鉸具　88
風返稲荷山銅鋺　105
加治木銭　139
叶手元祐　139
鎌倉大仏　138
上塩冶築山古墳　109
上屋敷鐸　69
加茂岩倉銅鐸群　42, 65, 66,
　69
　——の成分分析　48
　加茂岩倉4号鐸　62
　加茂岩倉27号鐸　61
からみ　31
カリ鉛ガラス　136
川島神後鐸　66
寛永通寶　121, 140

儀仗　81
兄弟品　86
経筒　134
共鳴具　85
杏葉　109
鋸歯文　57

轡　90
金官加耶　77
金官加耶系土器　77
金官国　77
久米廃寺出土相輪　105
グループⅠ　123, 135
車塚遺跡　110

黒鉱鉱床　114
黒本谷銅鋺　105, 107

袈裟襷文　44
気比2号鐸　66
気比4号鐸　66
蹴彫　94
元豊通宝　143
元祐通宝　139
原料の産出地　6

高脚付銅鋺　106
高周波加熱分離法　14
荒神谷青銅器群　42, 72
　荒神谷6号鐸　61
　荒神谷銅剣C96号　46
荒神西銅鋺　105, 107
皇朝十二銭　5, 27
洪武通宝　140
呉越国　133
古寛永　140
極印　9
古代官銭　5
コバルト　53
古和同　27, 126
金銅製耳環　102
金銅製出字形帯冠　97

サ 行

桜ヶ丘1号鐸　66
桜ヶ丘3号鐸　69
定北銅鋺　104, 107
佐原の分類　24

事　項　索　引

佐波理　108
山陰花崗岩帯　114
三遠式銅鐸　24
三角縁神獣鏡　78
三彩陶器　28
産地　6
産地推定　6
山陽花崗岩帯　112
三葉文環頭大刀　97

始原鉛　12
七支刀　92
湿式化学分析　5
質量分析装置　1
質量分析法　14
縮寛　141
主要三元素　46
称秋田銭　144
称仙台銭　142
承盤　106
承和昌寶　132
『続日本紀』　30, 127
資料　4
試料　4
史料　4
新寛永　144
晋式帯金具　77, 88
新庄銅鐸　66
真鍮銭　140
新和同　27, 126

綏遠銅器　8
垂下飾　94
垂飾　94
スカルン鉱床　114
スズ　47

製作地　6
正字　129
青銅　46
青銅祭器　41

成分分析　5
石製鋳型　62
舌　41
銭貨　119
前漢鏡　24
仙台銭　142
銭幣館コレクション　120
銭文　121

総合資料学　9

タ　行

対向鋸歯文　58
卓淳国　92
辰馬419号鐸　66
鉈尾　88

筑前洪武　140
鋳銭司　127
長年大宝　132
鳥翼形冠飾　97

筒形銅器　76, 81, 99

鉄銭　140

銅　46
同位体　12
同位体差別効果　16
同位体比　12
銅造観世音菩薩立像　33
東大寺大仏　123
銅鐸　41
　　──の鋳造　62
同范銅鐸　61
土器編年　42
土製鋳型　62
突線紐式　44
　突線鈕1式　24
殿田銅鋺　104, 107

泊銅鐸　66
渡来銭　133

ナ　行

内向鋸歯文　57
長柄武器　81
中子　62
長崎銭　144
長崎貿易銭　143
長門銭　141
鉛　47
鉛銭　132
鉛同位体比分析（法）　6, 12,
　　54, 86, 91, 102, 119
奈良三彩　29

二枝槍　84
日本文化財科学会　8

ハ　行

跛寶降通　142
范傷　62

久本銅鋺　105
ビスマス　52
ヒ素　51
表面電離型質量分析装置
　　（TI-MS）　14
微量元素　51
鰭　57
広形銅矛　25

武器形青銅器　41
『豊前国風土記』　30, 34
蓋付高台　106
富本銭　127
不隷開　28, 126
文化財科学　1

事 項 索 引　　　　　　　　*153*

平安緑釉　30
扁平鈕式　44

方広寺大仏　143
北部九州花崗岩帯　112
細倉當百　142
保存科学　2
掘立柱建物　123

マ　行

埋納　41
松帆銅鐸　41, 66
　松帆3号鐸　61
　松帆5号鐸　61
松本銭　142
マルチコレクタ誘導結合プラ
　ズマ質量分析装置（MC-
　ICP-MS）　14
万年通寶　129

水戸銭　142
美作国分寺出土風鐸　105

無台銅鏃　102
　無台鏃AI類（式）　106,
　108
　無台鏃BI類（式）　106,
　108, 115

模鋳銭　137

ヤ　行

弥生時代小形仿製鏡　25

有刺利器　84
釉薬　120

溶媒抽出法　14
横型流水文正統派　59
横大道銅鏃　105, 107

ラ　行

楽浪土城出土資料　20, 23

流水文　44
龍文透彫製品　77, 94
菱環鈕式　44
緑釉浮彫水波文塼　128
緑釉円塔　135
緑釉棺台　128
緑釉陶器　28

隷開　28, 126
列点文　94

漏刻　33, 128

ワ　行

倭系古墳　93
和銅　127
和同開珎　27, 121, 127

欧　文

a式図　17, 54, 104, 110, 122
A領域　54
a領域　55, 66
archaeomaterials　1
archaeometry　1
b式図　17, 54, 104, 110
conservation science　2
D領域　54
ICP質量分析装置　48
ICP発光分光分析装置　48
MC-ICP-MS　14, 34
TI-MS　14
TK43型式併行期　109, 115
TK209型式併行期　102, 106,
　110, 115
TK217型式併行期　102, 106,
　108, 115

遺跡・鉱山名索引

ア　行

飛鳥池遺跡（奈良県明日香村）　128
飛鳥水落遺跡（奈良県明日香村）　33, 128
後野鉱山（島根県出雲市）　114, 115
阿仁鉱山（秋田県北秋田市）　144

生野鉱山（兵庫県朝来市）　114, 115, 127
磯竹鉱山（島根県大田市）　114
市ノ川鉱山（愛媛県西条市）　129
今小路西遺跡（神奈川県鎌倉市）　138
林堂洞 7B 号墳（→ 慶山林堂洞 7B 号墳）

上ノ山遺跡（山口県美祢市）　32, 125
雲水面月山洞高霊鑛山（韓国）　27

沖ノ島 17 号祭祀遺跡（福岡県宗像市）　78
尾去沢鉱山（秋田県鹿角市）　144
尾平鉱山（豊後大野市）　130
於福鉱山（山口県美祢市）　32, 114, 115, 125

カ　行

上塩冶築山古墳（島根県出雲市）　33, 102, 111
川原寺（奈良県明日香村）　128
香春岳（鉱山）（福岡県香春町）　34, 115, 125
観音谷経塚（福岡県須恵町）　135

企救郡（福岡県北九州市・行橋市）　125
金海大成洞古墳群（韓国）　77, 81, 86
　大成洞 13 号墳（韓国）　78
　大成洞 88 号墳（韓国）　84, 86, 87, 90, 91, 99
金海望徳里 I 区域 13 号墳（韓国）　86

金海良洞里古墳群（韓国）　81, 86
　良洞里 443 号墳（韓国）　87
行者塚古墳（兵庫県加古川市）　89
慶山林堂洞 7B 号墳（韓国）　96, 98

荒神西古墳（岡山県津山市）　102, 111
国秀遺跡（山口県美祢市）　32, 125
小坂鉱山（秋田県小坂町）　114
五條猫塚古墳（奈良県五條市）　94

サ　行

坂部遺跡（山口県萩市）　32, 124
鷺鉱山（島根県出雲市）　114
桜郷鉱山（山口県山口市）　114, 115, 123

七観古墳（大阪府堺市）　96
鎮海石洞ダー 1 ― 282 号木槨墓（韓国）　86
篠窯跡群（京都府亀岡市）　35
新山古墳（奈良県広陵町）　89, 90

菅沢谷 C-2 号横穴（島根県松江市）　111

蔵目喜鉱山（山口県山口市）　32, 35, 114, 115,
　123

タ　行

対州鉱山（長崎県対馬市）　135, 143
高広 IV 区 3 号横穴（島根県安来市）　33, 102,
　111
多田鉱山（兵庫県川西市・猪名川町・大阪府
　池田市）　141

遺跡・鉱山名索引　　　　155

草堂洞古墳群（韓国）　97
漆谷鉱山（韓国）　27

塚廻古墳（大阪府堺市）　128

大成洞古墳群（→ 金海大成洞古墳群）

殿田1号墳（岡山県津山市）　102
土呂久鉱山（宮崎県高千穂町）　130
東莱福泉洞古墳群（韓国）　81, 86
　福泉洞38号墳（韓国）　84, 87
　福泉洞60号墳（韓国）　84, 87

ナ 行

長登鉱山（山口県美祢市）　31, 35, 114, 123
中村1号墳（島根県出雲市）　33, 110, 111
中村遺跡（山口県美祢市）　32, 125

西新町遺跡（福岡県福岡市）　78

ハ 行

花岡鉱山（秋田県大館市）　114

平澤馬道里23号墓（韓国）　99
平原遺跡（山口県美祢市）　123
　平原第II遺跡（山口県美祢市）　31, 35

華城社倉里山（韓国）　90
皇南大塚南墳（韓国）　96
二日市遺跡（岡山県岡山市）　141
風納土城（韓国）　90

別子鉱山（愛媛県新居浜市）　128

福泉洞古墳群（→ 東莱福泉洞古墳群）
細倉鉱山（宮城県栗原市）　142
鳳凰台遺跡（韓国）　77

マ 行

水落遺跡（→ 飛鳥水落遺跡）
見立鉱山（宮崎県日之影町）　130
美月1号横穴（島根県松江市）　111
宮ノ本遺跡（福岡県太宰府市）　135

向井町銭座跡（茨城県水戸市）　142
村松白根遺跡（茨城県東海村）　138

夢村土城（韓国）　90

ヤ 行

良洞里古墳群（→ 金海良洞里古墳群）

吉岡・小泉鉱山（岡山県高梁市）　141

編者略歴

齋藤　努
（さいとう　つとむ）

1988 年　東京大学大学院理学研究科博士課程修了
現　在　国立歴史民俗博物館教授
　　　　理学博士
著書に『金属が語る日本史―銭貨・日本刀・鉄炮―（歴史文化ライブラリー 355)』
吉川弘文館（2012）などがある.

国立歴史民俗博物館研究叢書 3
青銅器の考古学と自然科学　　　　　定価はカバーに表示

2018 年 3 月 25 日　初版第 1 刷

編　者　齋　藤　　　努

発行者　朝　倉　誠　造

発行所　株式会社　朝　倉　書　店
　　　　東京都新宿区新小川町 6-29
　　　　郵便番号　　162-8707
　　　　電　話　03（3260）0141
　　　　ＦＡＸ　03（3260）0180
　　　　http://www.asakura.co.jp

〈検印省略〉

© 2018 〈無断複写・転載を禁ず〉　　　　教文堂・渡辺製本

ISBN 978-4-254-53563-1　C 3321　　　Printed in Japan

JCOPY ＜(社)出版者著作権管理機構 委託出版物＞
本書の無断複写は著作権法上での例外を除き禁じられています. 複写される場合は,
そのつど事前に,（社）出版者著作権管理機構（電話 03-3513-6969, FAX 03-3513-
6979, e-mail: info@jcopy.or.jp）の許諾を得てください.

国立歴史民俗博物館監修

歴 博 万 華 鏡 （普及版）

53017-9 C3020　　　　　　B 4 判 212頁 本体24000円

国立で唯一，歴史と民俗を対象とした博物館である国立歴史民俗博物館（通称：歴博）の収蔵品による紙上展覧会。図録ないしは美術全集的に図版と作品解説を並べる方式を採用せず，全体を 5 部（祈る，祭る，飾る，装う，遊ぶ）に分け，日本の古い伝統と新たな創造の諸相を表現する項目を90選定し，オールカラーで立体的に作品を陳列。掲載写真の解説を簡明に記述し，文章は読んで楽しく，想像を飛翔させることができるように心がけた。巻末には詳細な作品データを付記。

前歴博 小島美子・前慶大 鈴木正崇・
前中野区立歴史民俗資料館 三隅治雄・前国学院大 宮家　準・
元神奈川大 宮田　登・中部大 和崎春日監修

祭・芸能・行事大辞典
【上・下巻：2 分冊】

50013-4 C3539　　　　　　B 5 判 2228頁 本体78000円

21世紀を迎え，日本の風土と伝統に根ざした日本人の真の生き方・アイデンティティを確立することが何よりも必要とされている。日本人は平素なにげなく行っている身近な数多くの祭・行事・芸能・音楽・イベントを通じて，それらを生活の糧としてきた。本辞典はこれらの日本文化の本質を幅広い視野から理解するために約6000項目を取り上げ，民俗学，文化人類学，宗教学，芸能，音楽，歴史学の第一人者が協力して編集，執筆にあたり，本邦初の本格的な祭・芸能辞典を目指した。

東京都江戸東京博物館監修

大 江 戸 図 鑑 ［武家編］

53016-2 C3020　　　　　　B 4 判 200頁 本体24000円

東京都江戸東京博物館の館蔵史料から，武家社会を特徴づける品々を厳選して収録し，「武家社会の中心としての江戸」の成り立ちから「東京」へと引き継がれるまでの，およそ260年間を武家の視点によって描き出す紙上展覧会。江戸城と徳川幕府／城下町江戸／武家の暮らし／大名と旗本／外交と貿易／武家の文化／失われた江戸城，の全 7 編から構成され，より深い理解の助けとなるようそれぞれの冒頭に概説を設けた。遠く江戸の昔への時間旅行へと誘う待望の 1 冊。

歴史学会編

郷 土 史 大 辞 典
【上・下巻：2 分冊】

53013-1 C3521　　　　　　B 5 判 1972頁 本体70000円

郷土史・地方史の分野の標準的な辞典として好評を博し広く利用された旧版の全面的改訂版。項目数も7000と大幅に増やし，その後の社会的変動とそれに伴う研究の深化，視野の拡大，資料の多様化と複合等を取り入れ，最新の研究成果を網羅。旧版の特長である中項目主義を継受し，歴史的拡大につとめ，生活史の現実を重視するとともに，都市史研究等新しく台頭してきた分野を積極的に取り入れるようにした。また文献資料以外の諸資料を広く採用。歴史に関心のある人々の必読書。

前中大 藤野　保編集代表
前筑波大 岩崎卓也・元学芸大 阿部　猛・
前中大 峰岸純夫・前東大 鳥海　靖編

日 本 史 事 典 （普及版）

53019-3 C3521　　　　　　A 5 判 872頁 本体18000円

日本史の展開過程を概説的方式と事項的方式を併用して構成。時代を原始・古代・中世・近世・近代・現代の六区分に分け，各節の始めに概説を設け，全体的展開の理解がはかれるようにした。概説の後に事項説明を加え（約2100項目），概説と事項を同時にまた即座に利用できるように解説。また各時代の第 1 章に国際環境，世界の動きを入れると共に，項目の記述では，政治史，社会経済史，考古学，民俗学とならんで文化史にもポイントをおき，日本史の全体像が把握できるよう配慮。

元学芸大 阿部　猛編

日 本 古 代 史 事 典

53014-8 C3521　　　　　A 5 判　768頁　本体25000円

日本古代史の全体像を体系的に把握するため，戦後の研究成果を集大成。日本列島の成り立ちから平安時代末期の院政期，平氏政権までを収録。各章の始めに概説を設けて全体像を俯瞰，社会経済史，政治史，制度史，文化史，生活史の各分野から選んだ事項解説により詳述する。日本古代史に関わる研究者の知識の確認と整理，学生の知識獲得のため，また歴史教育に携わる方々には最新の研究成果を簡便に参照，利用するために最適。日本史の読みものとしても楽しめる事典。

元学芸大 阿部　猛・元学芸大 佐藤和彦編

日 本 中 世 史 事 典

53015-5 C3521　　　　　A 5 判　920頁　本体25000円

日本および日本人の成立にとってきわめて重要な中世史を各章の始めに概説を設けてその時代の全体像を把握できるようにし，政治史，制度史，社会経済史，生活史，文化史など関連する各分野より選んだ約2000の事項解説によりわかりやすく説明。研究者には知識の再整理，学生には知識の取得，歴史愛好者には最新の研究成果の取得に役立つ。鎌倉幕府の成立から織豊政権までを収録，また付録として全国各地の中世期の荘園解説と日本中世史研究用語集を掲載する。

前日文研 山折哲雄監修

宗 教 の 事 典

50015-8 C3514　　　　　B 5 判　948頁　本体25000円

宗教の「歴史」と「現在」を知るための総合事典。世界の宗教を宗教別（起源・教義・指導者・変遷ほか）および地域別（各地域における宗教の現在・マイノリティの宗教ほか）という複合的視座で分類・解説。宗教世界を総合的に把握する。現代社会と宗教の関わりも多面的に考察し，宗教を政治・経済・社会のなかに位置づける。〔内容〕世界宗教の潮流／世界各地域の宗教の現在／日本宗教（"神々の時代"～"無宗教の時代"まで）／聖典／人物伝／宗教研究／現代社会と宗教／用語集／他

前東大 末木文美士・東大 下田正弘・
中村元東方研究所 堀内伸二編

仏 教 の 事 典

50017-2 C3515　　　　　A 5 判　580頁　本体8800円

今日の日本人が仏教に触れる際に疑問を持つであろう基本的な問題，知識を簡明に，かつ学術的視点に耐えるレベルで包括的にまとめた。身近な問題から説き起こし，宗派や宗門にとらわれず公平な立場から解説した，読んで理解できる総合事典。〔内容〕〈仏教を知る（歴史）〉教典／教団〈仏教を考える（思想）〉ブッダと聖者／教えの展開〈仏教を行う（実践）〉／実践思想の展開／社会的実践〈仏教を旅する（地理）〉寺院／聖地／仏教僧の伝来〈仏教を味わう（文化・芸術）〉仏教文学の世界／他

D.キーオン著
前東大 末木文美士監訳　豊嶋悠吾編訳

オックスフォード辞典シリーズ
オックスフォード 仏 教 辞 典

50019-6 C3515　　　　　A 5 判　420頁　本体9000円

定評あるオックスフォード辞典シリーズの一冊，D.Keown著"Buddhism"の翻訳。項目は読者の便宜をはかり五十音配列とし，約2000項目を収録。印中日のみならず，スリランカ，タイ，チベット，韓国等アジア各国に伝わり独自の発展を遂げた仏教用語，さらに欧米における仏教についても解説。仏教文化に馴染みのない西欧の読者向けに編まれた本辞典は，日本の読者にとっては基本的な知識を新鮮な視点から説き起こす，平明かつ詳細な必携の書となっている。

◆ 国立歴史民俗博物館研究叢書〈全6巻〉 ◆

歴博の最新の研究成果を広く伝える

歴博 藤尾慎一郎編　山田康弘・松木武彦・
吉田　広・高瀬克範・上野祥文著
国立歴史民俗博物館研究叢書 1

弥生時代って，どんな時代だったのか？

53561-7　C3321　　　　　 A 5 判 184頁 本体3400円

農耕社会が成立し広がったと考えられている弥生時代。しかし，北では続縄文文化が，南では貝塚後期文化が米作を選択することなく並行して続いていくなど，決して一様ではなかった弥生時代を歴博の最新の研究をもとに生き生きと描き出す。

歴博 関沢まゆみ編　新谷尚紀・武井基晃著
国立歴史民俗博物館研究叢書 2

民俗学が読み解く　葬儀と墓の変化

53562-4　C3321　　　　　 A 5 判 176頁 本体3400円

近年，土葬に火葬，ホール葬の広がり，身内が行なっていた葬儀を第三者が行なうなど，葬送墓制が大きく変化してきた。それは，遺体，遺骨，死に対する日本人の観念まで変えつつある。その多様な変化を，歴博の最新の研究をもとに示す。

歴博 小倉慈司・歴博 三上喜孝編著
国立歴史民俗博物館研究叢書4

古代日本と朝鮮の石碑文化

53564-8　C3321　　　　　 A 5 判 216頁 本体3400円

朝鮮半島の古代石碑文化が古代日本の文字文化に与えた影響を解明する。〔内容〕朝鮮半島古代の石碑文化／古代日本における石碑文化受容と展開／宇治橋断碑の研究と復元／新羅の地方社会と仏教信仰結社／資料：古代朝鮮諸国と古代日本の石碑

鴻池新田会所 松田順一郎・首都大 出穂雅実他訳

ジオアーケオロジー
―地学にもとづく考古学―

53018-6　C3020　　　　　 A 5 判 352頁 本体6400円

層序学や古土壌学をはじめとする地球科学の方法を考古学に適用する「地考古学」の決定版入門書。〔内容〕ジオアーケオロジーの基礎／沖積環境／風成環境／湧泉，湖，岩陰，その他の陸域環境／海岸環境／遺跡の埋没後撹乱／調査研究

文虫研 三浦定俊・東文研 佐野千絵・九博 木川りか著

文化財保存環境学（第2版）

10275-8　C3040　　　　　 A 5 判 224頁 本体3500円

好評テキストの改訂版。学芸員資格取得のための必修授業にも対応し，自主学習にも最適。資格取得後も役立つ知識や情報が満載。〔内容〕温度／湿度／光／空気汚染／生物／衝撃と振動／火災／地震／気象災害／盗難・人的破壊／法規／倫理

くらしき作陽大 馬淵久夫・前東芸大 杉下龍一郎・
九州国立博物館 三輪嘉六・国士舘大 沢田正昭・
文虫研 三浦定俊編

文 化 財 科 学 の 事 典

10180-5　C3540　　　　　 A 5 判 536頁 本体14000円

近年，急速に進展している文化財科学は，歴史科学と自然科学諸分野の研究が交叉し，行き交う広場の役割を果たしている。この科学の広汎な全貌をコンパクトに平易にまとめた総合事典が本書である。専門家70名による7編に分けられた180項目の解説は，増加する博物館・学芸員にとってハンディで必須な常備事典となるであろう。〔内容〕文化財の保護／材料からみた文化財／文化財保存の科学と技術／文化財の画像観察法／文化財の計測法／古代人間生活の研究法／用語解説／年表

元アジア・アフリカ図書館 矢島文夫総監訳
前東大 佐藤純一・元京大 石井米雄・前上野大 植田　覺・
元早大 西江雅之監訳

世 界 の 文 字 大 事 典

50016-5　C3580　　　　　 B 5 判 984頁 本体39000円

古今東西のあらゆる文字体系を集大成し歴史的変遷を含めて詳細に解説。〔内容〕文字学／古代近東（メソポタミア，エジプト他）／解読（原エラム，インダス他）／東アジア（中国，日本，朝鮮他）／ヨーロッパ（フェニキア，ギリシア他）／南アジア（ブラーフミー，デーヴァナーガリー他）／東南アジア（ビルマ，タイ，クメール他）／中東（ユダヤ，アラム，イラン他）／近代（チェロキー，西アフリカ他）／諸文字の用法と応用／社会言語学と文字／二次的表記体系（数，速記，音声他）／押印と印刷

上記価格（税別）は 2018 年 2 月現在